Sporočilo Križa

Sporočilo Križa

Dr. Jaerock Lee

Sporočilo Križa, dr. Jaerock Lee
Izdala založba Urim Books (Predsednik: Kyungtae Noh)
73, Yeouidaebang-ro 22-gil, Dongjak-gu, Seul, Koreja
www.urimbooks.com

Avtorske pravice pridržane. Te knjige oz. njenih delov ni dovoljeno kopirati, reproducirati, shranjevati v podatkovnih sistemih, ali prenašati v kakršni koli obliki ali sredstvu brez predhodnega pisnega dovoljenja založnika.

Avtorske pravice © 2016, dr. Jaerock Lee
ISBN: 979-11-263-0073-0 03230
Avtorske pravice prevoda © 2014, dr. Esther K. Chung. Uporabljeno z dovoljenjem.

Predhodno izdano v korejskem jeziku leta 2002 s strani založbe Urim Books

Prva izdaja: Januar 2016

Uredila dr. Geumsun Vin
Oblikovala uredniška pisarna Urim Books
Za več informacij se obrnite na urimbook@hotmail.com

Predgovor

Želim si, da bi spoznali Božje srce in Njegov veličasten načrt, rojen iz ljubezni do vseh nas, ter da bi zgradili trdne temelje vaše vere.

Sporočilo Križa je od leta 1986 do danes usmerilo številne ljudi na pot odrešenja ter obrodilo številna dela Svetega Duha, ki so se manifestirala na shodih po vsem svetu. Končno mi je Bog Oče poslal blagoslov za izdajo knjige. Vso zahvalo in slavo dajem Njemu!

Mnogi ljudje trdijo, da verujejo v Boga Stvarnika in poznajo ljubezen Njegovega Sina, Jezusa Kristusa, vendar ne znajo samozavestno oznanjevati evangelija. Pravzaprav le peščica kristjanov resnično pozna Božje srce in Božjo previdnost. Poleg tega so nekateri kristjani ločeni od Boga, saj niso prejeli jasnih odgovorov na številna svetopisemska vprašanja in ne razumejo skrivnostne previdnosti Božje ljubezni.

Na primer, kako bi vi odgovorili na naslednja tri vprašanja: „Čemu je Bog zasadil drevo spoznanja dobrega in hudega ter človeku dovolil jesti s tega drevesa?" „Čemu je Bog ustvaril pekel, čeprav je žrtvoval Svojega Sina Jezusa Kristusa za grešnike?" in „Zakaj je Jezus naš edini Odrešenik?"

Prvih nekaj let svojega krščanskega življenja nisem razumel globoke previdnosti Božjega stvarjenja ter Njegove skrivnostne previdnosti, ki jo skriva križ. Ko sem bil poklican za služabnika evangelija, sem se začel spraševati: „Kako naj popeljem kar največ ljudi na pot odrešenja ter poveličujem Boga?" Takrat sem dojel, da bi moral z Božjo pomočjo osvojiti vse svetopisemske besede, vključno s težko razumljivimi odlomki, ter jih oznanjati po vsem svetu. V ta namen sem molil in se ob vsaki priložnosti postil. Minilo je sedem let, ko mi je Bog začel razkrivati odgovore.

Leta 1985 sem bil med gorečo molitvijo napolnjen s Svetim Duhom in Ta mi je začel pojasnjevati skrivnostno Božjo previdnost, ki je bila skrita od vekov. Šlo je za „Sporočilo Križa." To sporočilo sem nato oznanjal pri vsaki nedeljski jutranji maši naslednjih enaindvajset tednov. Zvočne kasete s „Sporočilom Križa" so vplivale na življenja številnih ljudi doma in na tujem. Kjerkoli se je pridigalo na temo „Sporočilo Križa", je Sveti Duh deloval kakor žareč ogenj. Mnogi ljudje so se pokesali svojih grehov in bili ozdravljeni različnih bolezni. Otresli so se dvomov glede Božje previdnosti ter pridobili iskreno vero in večno življenje. Pred tem niso resnično poznali Boga in Njegove globoke ljubezni, toda skozi to sporočilo so spoznali Boga, začeli dojemati Njegov načrt in pridobili upanje v večno življenje.

Če jasno razumete, zakaj je Bog zasadil drevo spoznanja dobrega in hudega v rajskem vrtu, boste razumeli tudi Njegovo previdnost pri vzgoji človeštva ter Ga še močneje ljubili. Še več –

zavedajoč se pravega smisla življenja, se boste lažje in do krvi uprli v boju zoper grehov, se trudili biti podobni srcu Gospoda Jezusa Kristusa in zvesti boste Bogu vse do smrti.

Knjiga *Sporočilo Križa* vam bo odprla vrata do Božje previdnosti, ki se skriva v križu, ter vam pomagala postaviti trdne temelje za resnično in dobro krščansko življenje. Vsak, ki bo prebral to knjigo, bo spoznal globoko Božjo previdnost in ljubezen, pridobil iskreno vero ter zgradil in vodil krščansko življenje, ki bo ugajalo Njegovim očem.

Zahvaljujem se dr. Geumsun Vin, direktorici uredniške pisarne Urim Books in njenemu osebju, ki so omogočili izdajo tega mojega dela.

Moja želja je, da bi ljudje razumeli globoko Božjo previdnost, spoznali Boga ljubezni in bili odrešeni kot pravi Božji otroci — to so stvari, za katere molim v imenu Gospoda Jezusa Kristusa!

Jaerock Lee

Uvod

Sporočilo Križa vsebuje modrost in moč Boga ter predstavlja mogočno sporočilo, ki bi ga morali sprejeti vsi kristjani po svetu!

Vso hvalo in slavo dajem Bogu Očetu, ki nas je vodil do izdaje Sporočila Križa. Številni člani Manmina po vsem svetu so z nestrpnostjo čakali na izid te knjige, ki postreže z jasnimi odgovori na vprašanja, ki so povzročala preglavice velikemu številu kristjanov: 'Kakšen je bil Bog Stvarnik pred začetkom časa?' 'Čemu je Bog Stvarnik ustvaril človeka in mu dovolil živeti na tem svetu?' 'Čemu je Bog zasadil drevo spoznanja dobrega in hudega v rajskem vrtu?' 'Čemu je Bog poslal Svojega edinega Sina kot spravno daritev za naše grehe?' 'Čemu je Bog načrtoval odrešitev sveta preko starega lesenega križa?'

Ta knjiga vsebuje duhovna sporočila dr. Jaerocka Leeja ter vam omogoča, da boste poznali in razumeli veliko, globoko in širno Božjo ljubezen.

Prvo poglavje z naslovom „Bog Stvarnik in Sveto pismo" nam predstavi Boga in govori o tem, kako Bog deluje med nami. V tem poglavju boste našli dokaze o živem Bogu in se prepričali v resničnost Svetega pisma v luči zgodovine človeštva.

Drugo poglavje z naslovom „Bog ustvarja in vzgaja človeka" pričuje, da je Bog ustvaril vse v vesolju ter izoblikoval človeka po Svoji podobi. To poglavje uči tudi o pravem smislu človeškega življenja in o razlogih, zakaj Bog vzgaja ljudi kot Svoje duhovne otroke.

Tretje poglavje nosi naslov „Drevo spoznanja dobrega in hudega" in postreže z odgovori na temeljno vprašanje vseh kristjanov: Čemu je Bog zasadil drevo spoznanja dobrega in hudega? To poglavje pojasnjuje razloge in nam pomaga razumeti globoko ljubezen in skrivnostno previdnost Boga, ki vzgaja človeštvo na tem svetu.

Četrto poglavje z naslovom „Skrivnost izpred začetka časa" opisuje odnos med zakonom o odkupu zemlje in duhovnim zakonom o odrešenju človeštva (Levitik 25). Izvemo tudi, da so zaradi grešenja vsi ljudje stopili na pot pogube, vendar pa je Bog že pred začetkom časa zanje pripravil čudovito pot odrešenja. To poglavje prav tako uči, zakaj je Bog začasno prikril to pot do odrešenja človeštva ter kako Jezus izpolnjuje vse pogoje zakona o odkupu zemlje.

Peto poglavje z naslovom „Zakaj je Jezus naš edini Odrešenik?" govori o tem, kako je Bog skozi Jezusa izpolnil Svoj načrt odrešenja človeštva; kaj je bil razlog za Njegovo križanje; kakšni so blagoslovi in pravice Božjih otrok; kakšen je pomen imena „Jezus Kristus"; zakaj Bog ljudem pod nebom ni dal nobenega drugega imena, kot je ime Jezusa Kristusa, preko katerega mora biti odrešen človek; in tako naprej. Če boste razumeli duhovne implikacije sporočila, zajete v tem poglavju, boste občutili neskončno Božjo ljubezen.

Šesto poglavje nosi naslov „Modrost križa" in govori o globljem pomenu Jezusovega trpljenja. Zakaj je bil Jezus rojen v pastirski staji in položen v jasli, če je bil resnično Božji Sin? Zakaj je bil Jezus vse življenje reven? Zakaj je bil bičan, okronan s trnjem ter pribit na križ skozi dlani in stopala? Zakaj je trpel bolečine do te mere, da je prelil vso Svojo kri in vodo?

To poglavje postreže z natančnimi odgovori na ta vprašanja in nam pomaga razumeti duhovni pomen Njegovega trpljenja. Skozi razumevanje in zaupanje v duhovni pomen Jezusovega trpljenja boste premagovali vse vrste bolezni in slabosti, ter socialne probleme, kot so revščina, družinska nesoglasja, poslovne težave in podobno. V tem poglavju boste spoznali neskončno Božjo ljubezen, se otresli vseh oblik zla in postali del božanske narave.

Sedmo poglavje z naslovom „Sedem zadnjih Jezusovih besed na križu" pojasnjuje duhovni pomen Jezusovih zadnjih sedmih besed, preden je umrl na križu. S temi sedmimi besedami je Jezus izpolnil Svoje poslanstvo, ki mu ga je naložil Njegov Oče Bog. To poglavje poudarja, da moramo razumeti globoko Jezusovo ljubezen do človeštva, čakati na Njegov drugi prihod ter v upanju na vstajenje bojevati dober boj vere vse do konca.

Osmo poglavje, „Iskrena vera in večno življenje," govori o tem, kako lahko samo z iskreno vero postanemo eno z našim ženinom Jezusom Kristusom. Sveto pismo nas opozarja na tiste, ki trdijo, da verujejo v Odrešenika Jezusa Kristusa, pa vendar na sodni dan ne bodo rešeni. Sveto pismo poudarja, da moramo sprejeti Jezusa Kristusa ter jesti Njegovo meso in piti Njegovo kri, saj bomo le tako dosegli iskreno vero, ki nas bo popeljala na pot odrešenja. To poglavje nas uči tudi o naravi resnične vere, kako jo dosežemo in kaj moramo storiti za popolno odrešenje.

Deveto poglavje z naslovom „Rojeni iz vode in Duha" opisuje pogovor med Jezusom in Nikodemom. Ta njun pogovor predstavlja sklepno misel *Sporočila Križa*. Vaše srce se mora skozi vodo in Svetega Duha nenehno obnavljati, vse do drugega prihoda Jezusa Kristusa. Vaš duh, duša in telo morajo biti brez madeža, saj bo to trenutek, ko vas bo Gospod sprejel za Svojo čudovito nevesto.

Deseto poglavje z naslovom „Kaj je herezija?" opisuje herezijo in napačno razumevanje, ki ga imajo mnogi kristjani o hereziji. Danes številni ljudje zmotno obsojajo mogočna Božja dela kot herezijo, saj ne poznajo svetopisemske definicije herezije. To poglavje nas opozarja, da del Svetega Duha ne smemo kriviti ali obsojati za heretična in nam pomaga razumeti, kako ločiti med Duhom resnice in duhom blodnje. Prav tako moramo nenehno moliti in živeti v resnici, zato da ne bomo zapadli v skušnjave, ki nam jih ponuja duh blodnje.

V Prvem pismu Korinčanom 1:18 apostol Pavel opisuje sporočilo križa oziroma Božjo modrost z naslednjimi besedami: *"Beseda o križu je namreč za tiste, ki so na poti pogubljenja, norost; nam, ki smo na poti rešitve, pa je Božja moč."* Vsak lahko pridobi iskreno vero, sreča živega Boga in uživa krščansko življenje v polni meri, če se le zaveda skrivnosti križa in globoke previdnosti Božje ljubezni do človeštva.

Sporočilo Križa mora biti osnovno načelo vašega življenja. Zato molim v imenu Gospoda, da bi vam uspelo postaviti temelje krščanskega življenja ter da boste dosegli popolno odrešenje in večno življenje.

Geumsun Vin
Direktorica uredniške pisarne

Kazalo vsebine

Predgovor

Uvod

1. poglavje _ Bog Stvarnik in Sveto pismo • 1

- Bog je Stvarnik
- Jaz Sem, ki Sem
- Bog je vseveden in vsemogočen
- Bog je avtor Svetega pisma
- Vsaka beseda Svetega pisma je resnica

2. poglavje _ Bog ustvarja in vzgaja človeka • 21

- Bog ustvarja ljudi
- Čemu Bog vzgaja ljudi?
- Bog ločuje zrnje od plev

3. poglavje _ Drevo spoznanja dobrega in hudega • 37

- Adam in Eva v rajskem vrtu
- Adam je grešil s svobodno voljo
- Plačilo za greh je smrt
- Zakaj je Bog zasadil drevo spoznanja dobrega in hudega v rajskem vrtu?

4. poglavje _ Skrivnost izpred začetka časa • 59

- Adam je predal oblast hudiču
- Zakon o odkupu zemlje
- Skrivnost izpred začetka časa
- Jezus je kvalificiran po zakonu

5. poglavje _ **Zakaj je Jezus naš edini Odrešenik?** • 77

- Božji načrt odrešenja skozi Jezusa Kristusa
- Zakaj je bil Jezus pribit na lesen križ?
- Ni drugega imena, kot je ime Jezusa Kristusa

6. poglavje _ **Modrost križa** • 95

- Rojen v pastirski staji in položen v jasli
- Jezusovo življenje v revščini
- Bil je bičan in prelil je Svojo kri
- Nosil je krono iz trnja
- Jezusova oblačila in suknja
- Skozi dlani in stopala je bil pribit na križ
- Niso strli Njegovih nog, a prebodli Njegovo stran

7. poglavje _ **Sedem zadnjih Jezusovih besed na križu** • 135

- Oče, odpusti jim!
- Danes boš z menoj v raju
- Žena, glej, tvoj sin! Glej, tvoja mati!
- *Eloi, Eloi, Lama Sabachthani?*
- Žejen sem
- Izpolnjeno je
- Oče, v Tvoje roke izročam Svojega duha

8. poglavje _ **Iskrena vera in večno življenje** • 161
- Ta velika skrivnost!
- Lažna priznanja ne vodijo do odrešenja
- Meso in kri Sina človekovega
- S hojo v luči do odpuščenja
- Vera združena z deli je iskrena vera

9. poglavje _ **Rojeni iz vode in Duha** • 205
- Nikodemov obisk Jezusa
- Jezus je prebudil Nikodema za duhovno razumevanje
- Rojstvo iz vode in Duha
- Tri priče: Duh, voda in kri

10. poglavje _ **Kaj je herezija?** • 219
- Svetopisemska definicija herezije
- Duh resnice in duh blodnje

1. poglavje

Bog Stvarnik in Sveto pismo

- Bog je Stvarnik
- Jaz Sem, ki Sem
- Bog je vseveden in vsemogočen
- Bog je avtor Svetega pisma
- Vsaka beseda Svetega pisma je resnica

Sporočilo Križa

„V začetku je Bog ustvaril nebo in zemljo."
Geneza 1:1

Veliko ljudi je prepričanih v neobstoj Boga. Nekateri častijo bogove, ki so plod človeške domišljije, oziroma izdelujejo podobe Božjih stvaritev in jih častijo kot bogove. Četudi Ga ne vidimo, Bog zagotovo živi, in v stvarstvu obstaja samo en Bog, katerega moramo častiti. Bog je stvarnik vesolja in darovalec življenja. On je gospodar in sodnik vsega.

Kakšno bitje je Bog? Pravzaprav je človeku zelo težko opisati Boga, saj je človek zgolj bitje, medtem ko Bog presega vse človeške predstave. Bog je neskončen in brezmejen. Še tako zavzeto lahko razmišljamo, pa ne bomo v celoti razumeli Boga.

Četudi ne moremo v celoti razumeti Boga, pa obstajajo določene osnove, ki jih kot Božji otroci moramo poznati. V nadaljevanju bomo podrobno govorili o teh temeljnih točkah.

Bog je Stvarnik

Danes je svet preplavljen s knjigami, a le Sveto pismo nam nudi obširne in jasne odgovore na vprašanja glede izvora in nastanka vesolja, ter glede začetka in konca človeštva.

Sveto pismo daje jasen odgovor na vprašanje o začetku vesolja in življenja. Geneza 1:1 pravi: „*V začetku je Bog ustvaril nebo in zemljo,"* Hebrejcem 11:3 pa dodaja: *"Po veri spoznavamo, da so bili svetovi urejeni z Božjo besedo, tako da je to, kar se vidi, nastalo iz tega, kar se ne kaže."*

Obstoječa materija ni rodila vsega, kar vidimo v vesolju. Nekatere stvari so po Božjem ukazu nastale iz „nič."

Človek lahko ustvarja stvari iz že obstoječih stvari, in sicer s predelavo ali združevanjem snovi, ki obstajajo že od prej. Tako lahko ustvarimo nove stvari, nikakor pa ne moremo ustvariti nečesa iz nič.

Nepredstavljivo je, da bi človek ustvaril živ organizem. Tudi če človek klonira jagnje ali razvije tehnologijo, ki bo rodila računalnike z umetno inteligenco, pa še vedno ne bo mogel ustvariti niti amebe iz nič.

Zato ljudje pridobivajo žive organizme iz stvaritev, ki so bile dane od Boga, ter jih na različne načine združujejo. To je vse, česar je sposoben človek.

Treba se je torej zavedati, da je samo Bog sposoben ustvarjati iz nič. Bog Stvarnik je s Svojo besedo ustvaril vesolje in ima oblast nad vsem vesoljem, zgodovino sveta, življenjem in smrtjo, ter blagoslovi in prekletstvi človeštva.

Dokazi o obstoju Boga Stvarnika

Prav vse – hišo, mizo in celo žebelj – je nekdo ustvaril. Samoumevno je, da mora obstajati stvaritelj tega širnega vesolja. Obstajati mora lastnik, ki je ustvaril vesolje in v njem vlada. To je Bog Stvarnik, o katerem govori Sveto pismo.

Če se ozrete naokoli, boste opazili celo vrsto dokazov za

stvarjenje. Kot preprost primer si predstavljajte ogromno število ljudi tega planeta. Ne glede na raso, starost, spol, socialni status in tako naprej, imamo vsi dvoje oči, dvoje ušes, nos z dvema nosnicama ter usta.

Četudi se vsaka žival nekoliko razlikuje znotraj svoje živalske vrste, imajo vse enako obrazno strukturo. Tako ima slon dolg trobec, ki pa se nahaja v sredini obraza, nad njegovimi usti, ne nad njegovimi očmi, pod usti ali na vrhu glave. Vsak slon ima dve nosnici, dvoje oči, dvoje ušes ter usta. Vse ptice v zraku, vse ribe v morju ali reki, vse imajo enako strukturo.

Živali pa nimajo skupne le obrazne strukture, pač pa imajo vsi sesalci enak tudi prebavni in reproduktivni sistem. Vsaka žival zaužije hrano skozi usta, ki nato potuje v želodec in se nazadnje izloči iz telesa. Vsi sesalci se parijo z nasprotnim spolom in rodijo svoje potomce.

Ko upoštevamo vse te faktorje, nikakor ne moremo trditi, da gre za naključje ali za dokaz evolucije, ki ji narekuje „preživetje najmočnejšega." Evolucijska teorija ne zna pojasniti teh stvari.

Zatorej dejstvo, da imajo tako ljudje kot živali enako organsko strukturo, zadostuje kot dokaz, da je bilo vse ustvarjeno in oblikovano s strani Boga Stvarnika. V kolikor Bog ne bi bil edini Bog, temveč bi bil le eden od številnih bogov, bi živa bitja imela različno število organov in različno telesno strukturo.

Poleg tega ob natančnejšem pregledu narave in vesolja najdemo še veliko drugih dokazov o stvarjenju. Kako čudovito je vedeti, da vse v našem sončnem sistemu, vključno z revolucijo in rotacijo Zemlje, deluje brez najmanjše napake.

Poglejte uro na vašem zapestju, v kateri se skriva cela vrsta zapletenih delov, vendar bo takoj prenehala delovati, če odpove ali manjka že najmanjši od njih. Naše vesolje je bilo zasnovano tako, da deluje pod Božjo previdnostjo.

Na primer – ne človek in ne katerokoli drugo bitje ne more obstajati brez Lune, ki se vrti okoli Zemlje. Luna se namreč ne sme nahajati bliže ali dlje od Zemlje, kot se nahaja trenutno. Bog jo je postavil ravno na pravo razdaljo, ki omogoča življenje človeka na Zemlji.

Trenutni lunin položaj oziroma vpliv njene gravitacijske sile povzroča plimovanje morja, kar pomaga ohranjati čisto morje. Vse stvari v vesolju so bile ustvarjene, da tako natančno sledijo Božji previdnosti.

Zakaj nekateri ne verujejo v Boga Stvarnika?

Veliko ljudi veruje v Boga Stvarnika in živi v skladu z Njegovo besedo. Toda zakaj nekateri, ki so razumni in se za vse odgovore zatekajo k znanosti, ne verujejo v Boga Stvarnika?

Če so vas zvesti kristjani že vse od otroštva učili, da Bog živi in da je Bog vsemogočni Stvarnik, potem vam ne bo težko verovati v Boga Stvarnika.

Toda danes vas je veliko takšnih, ki ste bili v mladosti izpostavljeni evolucionizmu in „spoznanjem", ki so pogosto pomanjkljive ali napačne. Poleg tega se družite s tistimi, ki ne verujejo oziroma dvomijo v Boga.

Če živite v tovrstnem okolju in obiščete cerkev ter slišite Božjo besedo, boste pogosto dvomili v Boga Stvarnika, saj bo vaše predhodno pridobljeno znanje v sporu z besedami, ki ste jih slišali v cerkvi.

In dokler se ne otresete teh misli in spoznanj, ki ste jih pridobili v posvetnem svetu — četudi ste ves čas redno obiskovali cerkev — ne morete imeti duhovne oziroma Božje vere, ki je brez slehernega dvoma.

Brez duhovne vere preprosto ne morete verjeti v nebeško kraljestvo ali pekel, saj smatrate vidni svet za edini svet in živite po svoji volji.

Kako pogosto slišite za teorije, ki so bile svoj čas splošno sprejete, kasneje pa so jih zavrgli oziroma jih je nadomestila nova teorija? In tudi kadar temu ni povsem tako, pa ne gre mimo dejstva, da so konvencionalne teorije in trditve pogosto revidirane oziroma dopolnjene s svežimi dejstvi.

Znanost s časom napreduje in pojavljajo se čedalje boljše razlage in teorije, četudi še niso popolne. Veliko je znanstvenikov in nikakor ne trdim, da so vse njihove raziskave napačne.

Treba je upoštevati tudi dejstvo, da je na svetu veliko stvari, ki jih človek ni sposoben pojasniti.

Denimo, ko govorimo o vesolju, še nihče ni potoval iz Zemlje do skrajnih meja vesolja, ali skozi čas stopil nazaj v antični čas. Kljub temu pa si ljudje prizadevajo opisati vesolje z različnimi hipotezami in teorijami.

Preden je človek stopil na Luno, smo domnevali: „Morda na Luni najdemo žive organizme, ali pa živijo kje drugje v našem sončnem sistemu." Toda ob pristanku na Luni smo spoznali, da ta ne vsebuje živih organizmov. Znanstveniki so danes mnenja: „Pod površino Marsa obstaja možnost življenja," in „Na rdečem planetu smo odkrili sledi tekoče vode."

Četudi še tako dolgo raziskujete in obogatite svoje znanje, vas še vedno omejuje pomanjkljiva človeška kapaciteta, v kolikor ne poznate volje, previdnosti in moči Boga Stvarnika.

V pismu Rimljanom 1:20 piše: *„Kajti od stvarjenja sveta naprej je mogoče to, kar je v Njem nevidno, z umom zreti po ustvarjenih bitjih: Njegovo večno mogočnost in božanskost. Zato so ti ljudje neopravičljivi."*

Vsak, ki bo odprl svoje srce in meditiral, bo občutil Božjo moč in Njegovo božansko naravo, in sicer skozi stvaritve kot so Sonce, Luna in zvezde – predmeti, skozi katere vam Bog dovoljuje prepoznati Njegov obstoj in Vanj verovati.

Jaz Sem, ki Sem

Ko ljudje slišijo o Bogu Stvarniku, se mnogi sprašujejo: „Kako je Bog sploh nastal?" „Od kod prihaja?" in „V kakšni podobi je Bog obstajal v začetku?"

Človekovo znanje in misli ne moreta preseči določene meje, kar nam narekuje, da imajo vsa bitja začetek in konec. Zaradi tega zahtevamo jasne odgovore na tovrstna vprašanja. Vendar Bog biva izven človeškega razumevanja. On je vse, kar je bilo, je in vedno bo.

Eksodus opisuje dogodek, v katerem Bog ukaže Mojzesu, naj popelje Izraelove sinove v kanaansko deželo. Mojzes nato vpraša Boga, kaj naj odgovori Izraelcem, če ga vprašajo po Božjem imenu.

Takrat Bog odgovori Mojzesu: *„JAZ SEM, KI SEM,"* in mu

naroči dejati Izraelcem: „*JAZ SEM me pošilja k vam*" (Eksodus 3:14).

„JAZ SEM" je izraz, s katerim je Bog imenoval Samega Sebe in pomeni, da Boga nihče ni rodil oziroma ustvaril, temveč je On popolno bitje, Stvarnik Sam.

V začetku je bil Bog luč in glas

Janez 1:1 pravi: „*V začetku je bila Beseda in Beseda je bila pri Bogu in Beseda je bila Bog.*" Bog, ki je bil Beseda, je bil v začetku bitje, ki je obstajalo popolnoma samo in ki ni bilo ustvarjeno. Kako in kje je Bog bival?

Bog je Duh, zato je bival v obliki Besede v četrti dimenziji, v duhovnem svetu, ne v tretji dimenziji, ki je vidna na oko. Bog ni obstajal v kakršnikoli obliki, temveč kot globoka in čudovita svetloba s čistim in jasnim glasom, in kot takšen je vladal nad vsem vesoljem.

Prvo Janezovo pismo 1:5 pravi: „*To pa je oznanilo, ki smo ga slišali od Njega in vam ga oznanjamo: Bog je luč in v Njem ni nobene teme.*" Ta odlomek vsebuje duhovni pomen in izraža značilnost Boga, ki je bil v začetku luč.

V začetku je Bog obstajal kot luč, v kateri se je skrival glas. Njegov čist, blag in nežen glas odmeva po vsem vesolju. Tisti, ki so kdaj osebno slišali Božji glas, bodo to dobro razumeli.

Bog je obstajal sam že pred vekom

Bog Stvarnik je obstajal že pred začetkom časa. Skoval je

načrt vzgoje Svojih duhovnih otrok in ga tudi izpeljal. Zatorej, v kolikor resnično poznate Boga JAZ SEM, boste odvrgli vse svoje načine razmišljanja, teorije in stereotipe ter še bolj predano sprejeli dela Božjega stvarjenja.

Za razliko od Božjih stvaritev imajo človekove stvaritve svoje napake in omejitve. Z napredkom znanosti in civilizacije se v svetu pojavljajo čedalje boljši izdelki, ki pa imajo še vedno veliko pomanjkljivosti.

Nekateri izdelujejo malike iz zlata, srebra, brona in drugih kovin ter jih častijo kot bogove, pred katerimi se klanjajo in molijo za blagoslove. Toda v resnici gre zgolj za lesene, kovinske ali kamnite podobe, ki ne dihajo, ne govorijo in ne mežikajo z očmi (Habakuk 2:18-19).

Čeprav ljudje trdijo, da so modri, pa v resnici ne ločijo med resnico in lažjo, ampak raje izdelujejo te podobe in jih častijo kot bogove (Rimljanom 1:22-25). Kako neumno in sramotno je takšno početje?

Iz tega sledi, da kadar ljudje služijo in častijo prazne bogove, ker so nepoučeni o Bogu, se morajo tega temeljito pokesati, začeti častiti Boga JAZ SEM in izpolnjevati dolžnosti kot Njegovi otroci.

Bog je vseveden in vsemogočen

Bog Stvarnik, ki je ustvaril vso vesolje, je vseveden, vsemogočen in je popolno bitje, ki je obstajalo že pred začetkom časa. Sveto pismo govori o številnih znamenjih in čudežih, ki jih ni mogoče pripisati človeški moči in znanju.

Ta mogočna dela vsevednega in vsemogočnega Boga, ki je isti včeraj in danes, so se zvrstila tako v časih Nove zaveze kot tudi Stare zaveze, in sicer skozi številne Božje izbrance, ki so posedovali Božjo moč.

Kot pravi Jezus v Janezu 4:48: *„Če ne vidite znamenj in čudežev, ne verujete,"* ljudje preprosto ne verujejo, dokler ne vidijo del vsemogočnega Boga.

Bog dela čudovita znamenja in čudeže

Eksodus do potankosti opisuje, kako je vsevedni in vsemogočni Bog delal čudovita znamenja in čudeže skozi Mojzesa, ko je popeljal Izraelove sinove iz Egipta v kanaansko deželo.

Na primer, ko je Bog poslal Mojzesa k faraonu, egiptovskemu kralju, je nadenj in nad njegovo deželo stresel deset kug, ločil vode Rdečega morja, da so ga Izraelci lahko prečkali po suhih tleh, medtem pa so valovi na Njegov ukaz pogoltnili egipčansko vojsko.

Tudi po Eksodusu je iz skale pritekla voda, ko je Mojzes s palico udaril po njej, grenka voda se je spremenila v sladko vodo, in z nebes je padla mana, tako da je lahko milijone ljudi živelo brez strahu pred lakoto.

Kasneje v Stari zavezi je Bog pooblastil Elijo, da je ta prerokoval tri in pol letno sušo, priklical dež skozi svojo molitev in celo obujal mrtve.

V Novi zavezi vidimo Jezusa, Božjega Sina, kako odpira oči

slepim, zdravi številne ljudi z različnimi boleznimi, slabostmi in zli duhovi, ter kako obudi Lazarja, ki je bil mrtev že štiri dni. Prav tako je hodil po vodi ter pomiril veter in valove.

Bog je po Pavlovih rokah delal nenavadne čudeže, tako da so ljudje prinašali bolnikom robce ali rute, ki so se dotaknile Pavlovega telesa, nakar so bolezni izginjale in zli duhovi so jih zapuščali (Apostolska dela 19:11-12). Tudi Petra, ki je bil eden najbolj pridnih Jezusovih učencev, so spremljala številna znamenja. Ljudje so prinašali bolnike na ceste ter jih polagali na ležišča in nosila, da bi se, kadar je šel Peter mimo, vsaj njegova senca dotaknila katerega izmed njih (Apostolska dela 5:15).

Poleg tega je Bog v Svetem pismu delal čudeže in razodeval znamenja skozi Štefana in Filipa, in to pravzaprav počne še danes skozi našo cerkev.

Bog je avtor Svetega pisma

Bog je Duh, zato je neviden, a se kljub temu razodeva na različne načine. Ponavadi se razodeva skozi naravo, še bolj pa skozi pričevanja ljudi, ki so bili ozdravljeni in od Njega prejeli odgovore. Razodeva se nam tudi skozi Sveto pismo.

Skozi Sveto pismo lahko spoznate resničnega enega Boga ter dosežete odrešenje in večno življenje skozi razumevanje Njegovih del. Poleg tega boste živeli uspešno življenje in poveličevali Boga, saj boste poznali Božje srce, Ga znali ljubiti in biti ljubljeni od Njega (2 Timoteju 3:15-17).

Sveto pismo je navdihnjeno od Boga

Drugo Petrovo pismo 1:21 pravi: *"Nikoli namreč nobena prerokba ni prišla po človeški volji, ampak so ljudje, nošeni od Svetega Duha, govorili v imenu Boga,"* Drugo pismo Timoteju 3:16 pa nadaljuje: *"Vse Pismo je navdihnjeno od Boga in koristno."* To pomeni, da je Sveto pismo od Geneze do Razodetja Božja beseda, ki je bila v celoti zapisana po Božji volji.

In ravno zato vsebuje veliko izrazov, kot so "Bog je rekel", "Gospod je rekel" in "Gospod Bog je rekel." Ti izrazi potrjujejo, da Sveto pismo ni človeška beseda, temveč Božja.

Sveto pismo je zbirka 66 knjig, od tega jih 39 pripada Stari zavezi in 27 Novi zavezi. Število piscev se ocenjuje na okoli 34, obdobje pisanja Svetega pisma pa se razteza nekje od 1.500 pred Kristusom do 100 po Kristusu, kar znaša okoli 1.600 let. Najbolj čudovito pa je to, da je Sveto pismo navkljub različnim avtorjem v celoti povezano in povsem skladno, od začetka do konca, in sleherni odlomek sovpada z ostalimi odlomki.

Izaija 34:16 pravi: *"V GOSPODOVI knjigi poiščite in preberite: Nobena izmed njih ni odsotna, nobena ne pogreša svoje tovarišice, kajti poklicala so jih GOSPODOVA usta, njegov duh jih je zbral."*

Sveto pismo je tako popolno, ker je izvirni pisec Bog, medtem ko je Sveti Duh navdihnil srca piscev in sestavil Besede. Velja si zapomniti, da so avtorji Svetega pisma zgolj pisci besedila, ki so pisali za Boga, izvirnega avtorja Svetega pisma.

Poglejmo si naslednji primer. Predstavljajmo si ostarelo mater, ki živi na podeželju in želi poslati pismo svojemu mlajšemu sinu, ki študira v mestu. Ker je nepismena, njene misli na list papirja prenese njen starejši sin. Ko bo mlajši sin prejel to pismo, bo pomislil, da mu pismo pošilja njegova mati, ne starejši brat, ki je v resnici napisal vsebino pisma. Enako velja za Sveto pismo.

Božje ljubezensko pismo, polno blagoslovov in obljub

Sveto pismo so napisali z Duhom napolnjeni Božji služabniki v namen Božjega razodetja. Sprejeti moramo dejstvo, da gre za Besedo zvestega Boga, ki se nam tako razodeva.

Božje besede so duh in življenje (Janez 6:63), zato bo vsak, ki jih sliši in vanje veruje, pridobil večno življenje in njegova duša bo bogato nagrajena. Kdor veruje in se ravna po Božji besedi, bo užival bogato življenje in bo popoln Božji človek, nadvse podoben Jezusu Kristusu.

Bog je v mesu stopil na svet, da bi se razodel človeštvu, in to meso je bil Jezus. Filip, Jezusov učenec, se tega ni zavedal in je zahteval, da mu Jezus pokaže Boga. Ni dojel, da je bil Jezus utelešen Bog, s čimer se je na nek način izpolnil pregovor, ki pravi, da je kovačeva kobila vedno bosa.

Janez 14:8-10 nam opisuje pogovor med Filipom in Jezusom;

> *Filip Mu je rekel: „Gospod, pokaži nam Očeta in zadosti nam bo." Jezus mu je dejal: „Filip, toliko časa Sem med vami in Me nisi spoznal? Kdor je videl Mene, je videl Očeta. Kako moreš ti reči: ‚Pokaži nam*

Očeta'? Mar ne veruješ, da sem Jaz v Očetu in Oče v Meni? Besed, ki vam jih govorim, ne govorim Sam od Sebe; ampak Oče, ki ostaja v Meni, opravlja Svoja dela.

Četudi je Jezus predstavil prepričljive dokaze, da sta On in Bog eno — delal je namreč čudeže, ki jih brez Božje moči ni mogoče delati — je Filip kljub temu od Jezusa zahteval, da mu pokaže Boga. Jezus ga je želel skozi čudeže prepričati, naj zaupa v Njegovo poučevanje.

Bog je v mesu stopil na ta svet, da bi se razodel, in Bog je dal napisati Sveto pismo, saj Ga ljudje ne moremo videti s človeškimi očmi.

In tako bomo deležni blagoslovov in odgovorov, ki jih Bog obljublja v Svetem pismu, če bomo skozi Sveto pismo poiskali dragoceno občestvo z živim Bogom, zaupali v Njegovo voljo in previdnost, ter spoštovali Njegovo besedo.

Vsaka beseda Svetega pisma je resnica

Zgodovinski zapisi predstavljajo vir informacij o ljudeh in dogodkih iz preteklosti. Zgodovina beleži spremembe skozi čas in nam razkriva podrobnosti o določenih stvareh, ljudeh in življenjskih pogojih tistega časa.

Zgodovina človeštva je dokaz, da je Sveto pismo resnica. Ob branju Svetega pisma boste kmalu spoznali, da gre za zgodovinsko in realistično knjigo, še zlasti ko vzamete pod drobnogled različne dogodke, ljudi, kraje in običaje, ki jih opisuje.

Stara zaveza nam je bila izročena na podlagi objektivnih dejstev in informacij o dogodkih, ki so jih od časa Adama in Eve doživeli posamezniki, skupine in narodi, zato Izrael še danes smatra Staro zavezo za sveti in zgodovinski dokument ter za nacionalno dediščino. Tudi številni zgodovinarji obravnavajo Sveto pismo kot zanesljiv vir informacij.

Zgodovina potrjuje resničnost Svetega pisma

Najprej bi vam rad predstavil zgodovino Izraela in dokazal, da je Božja beseda v Svetem pismu resnica.

Adam, praoče človeškega rodu, je grešil zoper Boga, zato so vsi Adamovi potomci stopili na pot greha in so živeli, ne da bi poznali Boga, njihovega Stvarnika. Takrat je Bog izbral en narod, skozi katerega bo razodel Svojo voljo in previdnost.

Tako je najprej poklical Abrahama, ki je bil najbolj poslušen, ga prečistil ter postavil za očeta vere. Abraham je bil oče Izaku, ta pa oče Jakobu, katerega je Bog imenoval Izrael in čigar 12 sinov je izbral za začetnike 12 plemen Izraela.

Bog je Jakoba poslal v Egipt in mu omogočil ustvariti narod, tako da je povečal število njegovih potomcev in jih naposled popeljal v kanaansko deželo.

Bog je dal Mojzesu v puščavi postavo z zapovedmi ter Izraelce naučil živeti v skladu z Njegovo besedo.

Ko so stopili v kanaansko deželo, so živeli v blaginji samo takrat, kadar so upoštevali postavo. Kasneje je Izrael častil malike in se predajal grehu, zato je njegova moč upadla in začeli so ga ogrožati vdori tujih ljudstev. Izraelci so tako pristali v ječah oziroma bili zasužnjeni. Ko so se pokesali, je bila njihova dežela obnovljena. Ta začarani krog se je ponovil znova in znova.

Tako Bog skozi zgodovino Izraela vsem ljudem dokazuje, da je živ in da s Svojo besedo vlada vsemu stvarstvu.

Prav tako se lahko prepričate, da so se svetopisemske prerokbe izpolnile oziroma se izpolnjujejo še danes. Denimo v Luku 19:43-44, kjer Jezus z naslednjimi besedami opisuje padec Jeruzalema:

> *Prišli bodo nadte dnevi, ko te bodo sovražniki obdali z okopi, te oblegali in stiskali z vseh strani. V tla bodo poteptali tebe in tvoje otroke v tebi in ne bodo pustili kamna na kamnu v tebi, ker nisi spoznal časa svojega obiskanja.*

V teh odlomkih Jezus opisuje uničenje Jeruzalema zaradi vse večje razuzdanosti. Ta prerokba se je izpolnila leta 70 po Kristusu, ko je rimska vojska pod vodstvom generala Tita obkolila in uničila to judovsko prestolnico. Pri tem je umrlo več sto tisoč ljudi, ki so ostali ujeti znotraj obzidja. To se je odvilo zgolj štirideset let po Jezusovi prerokbi.

V Mateju 24:32 Jezus pravi: „*Od smokvinega drevesa pa se naučite priliko: Kadar njegova veja postane že muževna in poganja listje, veste, da je poletje blizu.*" Smokvino drevo tukaj simbolizira izraelsko deželo, ta prilika pa uči, da si bo Izrael izboril neodvisnost tik pred drugim Jezusovim prihodom.

Nenazadnje pa o uresničitvi te Božje besede priča tudi zgodovina, saj je bil 14. maja 1948 — skoraj 1900 let po njegovem uničenju — Izrael čudežno ponovno ustanovljen.

Prerokba Stare zaveze in njena izpolnitev v Novi zavezi

Pričujem, da je Božja beseda v Svetem pismu resnica, saj sem skozi preučevanje spoznal, da je bila prerokba iz Stare zaveze izpolnjena v času Nove zaveze.

Postava Stare zaveze ni bila popolna pot do "pridobitve pravih Božjih otrok", temveč le senca dokazovanja Boga. Zato je Bog v Stari zavezi večkrat obljubil prihod Mesije, in ko je napočil čas, je Bog izpolnil Svojo obljubo ter na svet poslal Jezusa Kristusa.

Povsem jasno je, da je Jezus prišel na zemljo pred okoli 2.000 leti. Zahodna zgodovina se v glavnem deli na dve obdobji, vezani na Jezusovo rojstvo. „P. K." (ali v latinščini Ante Christum) pomeni pred Kristusom in se nanaša na čas pred Jezusovim rojstvom, medtem ko „A.D." pomeni Anno Domini oziroma „po Kristusu." Tudi zgodovina sama priča o Jezusovem rojstvu.

Poglejmo si Genezo 3:15:

> *Sovraštvo bom naredil med teboj in ženo ter med tvojim zarodom in njenim zarodom. On bo prežal na tvojo glavo, ti pa boš prežala na njegovo peto.*

Ta odlomek prerokuje, da bo prišel naš Odrešenik, kot ženski zarodek, in uničil smrtonosno oblast. „Žena" v tem odlomku predstavlja Izrael. Pravzaprav je Jezus prišel na svet kot sin Jožefa, ki je izhajal iz Judovega rodu (Luka 1:26-32).

Izaija 7:14 pravi: *„Zato vam bo Gospod sam dal znamenje: Glej, mladenka bo spočela in rodila sina in mu dala ime Emanuel."*

Kar namiguje, da bo poslan Božji Sin, spočet od Svetega Duha, da odreši človeštvo in nas povzdigne v nebesa, kjer bomo slavljeni in poveličani nad vse drugo. In resnično je Jezusa rodila Devica Marija, ki je bila noseča od Svetega Duha (Matej 1:18-25).

Za Jezusa je bilo prerokovano, da se bo rodil na območju Betlehema, kot pravi Mihej 5:2:

> *Ti pa, Betlehem Efráta, si premajhen, da bi bil med Judovimi tisočnijami: iz tebe mi pride tisti, ki bo vladal v Izraelu, njegovi izviri so od nekdaj, iz davnih dni.*

Ta Beseda se je izpolnila in Jezus je bil rojen v Betlehemu v Judeji v času kralja Heroda. To potrjuje tudi zgodovina.

Pokol nedolžnih dečkov, starih dve leti in manj, ki ga je ukazal kralj Herod v času Jezusovega rojstva (Jeremija 31:15; Matej 2:16), Jezusov prihod v Jeruzalem (Zaharija 9:9; Matej 21:1-11) ter Jezusov odhod v nebesa (Psalmi 16:10; Apostolska dela 1:9). Vse to se je izpolnilo, tako kot je bilo prerokovano.

Poleg tega sta se izpolnili tudi prerokbi izdajstva Jude Iškarijota, ki je tri leta spremljal Jezusa (Psalmi 41:9) in ga nazadnje izdal za trideset srebrnikov (Zaharija 11:12).

Potemtakem lahko zaupamo, da je Sveto pismo resnica in prav zares Božja beseda, še posebej v luči spoznanja, da so se vse prerokbe iz Stare zaveze izpolnile do potankosti.

Svetopisemske prerokbe, ki se še niso uresničile

S tem, ko je Bog v času Nove zaveze izpolnil vse prerokbe iz Stare zaveze, je naredil Jezusa Kristusa za našega Odrešenika. Prerokba o Jezusu, potek zgodovine Izraela in človeštva samega. Vse te prerokbe so se izpolnile do potankosti. Tok človeške zgodovine potrjuje, da so se vse svetopisemske prerokbe izpolnile oziroma se izpolnjujejo še danes.

Preroki tako Stare kot Nove zaveze so prerokovali vzpon in padec velike svetovne sile, uničenje in obnovo Jeruzalema, ter prihajajoče dogodke iz življenja pomembnežev. Veliko svetopisemskih prerokb je že bilo izpolnjenih oziroma se izpolnjujejo danes, in ljudje bodo kmalu dočakali drugi Jezusov prihod, vnebovzetje, tisočletno kraljevanje ter sodbo z velikega belega prestola. Naš Gospod pripravlja prostor za vas, kot je to obljubil (Janez 14:2), in kmalu vas bo popeljal v večno bivališče.

Svet danes pretresajo lakota, potresi, izredne vremenske razmere in velike naravne katastrofe. Te dogodke ne smete smatrati za naključje, pač pa je treba dojeti, da se bliža Jezusov drugi prihod (Matej 24:3-14). Zato ostanite duhovno prebujeni, se pripravite kakor nevesta in tako dosežite popolno odrešenje.

2. poglavje

Bog ustvarja in vzgaja človeka

- Bog ustvarja ljudi
- Čemu Bog vzgaja ljudi?
- Bog ločuje zrnje od plev

Sporočilo Križa

„Bog je ustvaril človeka po Svoji podobi, po Božji podobi ga je ustvaril, moškega in žensko je ustvaril. Bog ju je blagoslovil in Bog jima je rekel: ,Bodita rodovitna in množita se, napolnita zemljo in si jo podvrzita; gospodujta ribam v morju in pticam na nebu ter vsem živalim, ki se gibljejo po zemlji!'"
Geneza 1:27-28

Morda boste kdaj v življenju razmišljali o temeljnih vprašanjih glede izvora, smisla in pomena življenja. Pri iskanju odgovorov na ta vprašanja se ljudje zatekajo k različnim metodam, vendar pa naposled umrejo, ne da bi se dokopali do kakršnihkoli izvirnih odgovorov.

Svetovno znani modreci, kot so Konfucij, Buda in Sokrat, so si prav tako prizadevali osvojiti te temeljne odgovore. Konfucij se je osredotočal na moralo in popolno čistost pojmoval kot etični ideal. Imel je veliko privržencev. Buda se je lotil stroge pokore, da bi dosegel razsvetljenje, Sokrat pa je na svojevrsten način iskal resnico in pravo znanje.

Toda nikomur od njih ni uspelo najti temeljne rešitve, prepoznati prave resnice ali si zagotoviti večnega življenja. Resnica, ki je bila skrita še pred stvarjenjem sveta, je namreč nekaj duhovnega, torej nevidnega in neotipljivega. Zato ljudje ne moremo najti jasnih odgovorov o življenju, dokler ne razumemo Božje previdnosti glede vzgoje človeštva.

Bog ustvarja ljudi

Skrivnostna tvorba človeških organov, celic in tkiv je nekaj neizmernega. Bog, ki je na ta način ustvaril človeka, si želi pridobiti prave Božje otroke, s katerimi bo lahko delil ljubezen za vekomaj. V ta namen je Bog ustvaril človeka po Svoji podobi in podobnosti, ga vzgajal ter zanj uredil nebesa.

Toda kako je potem Bog ustvaril vse stvari v vesolju in izoblikoval človeka?

Šest dni Božjega stvarjenja

Prvo poglavje Geneze lepo opisuje postopek, po katerem je Bog v šestih dneh ustvaril nebesa in zemljo. Bog je rekel: *„Bodi svetloba,"* in nastala je svetloba (Geneza 1:3). Bog je rekel: *„Vode pod nebom naj se zberejo na en kraj in prikaže naj se kopno,"* in zgodilo se je tako (Geneza 1:9). In tako naprej.

Kot piše v pismu Hebrejcem 11:3: *„Po veri spoznavamo, da so bili svetovi urejeni z Božjo besedo, tako da je to, kar se vidi, nastalo iz tega, kar se ne kaže."* Bog je s Svojo besedo ustvaril vso vesolje.

Prvi dan je Bog ustvaril luč, drugi dan pa prostrano nebo. Ko je tretji dan Bog rekel: *„Vode pod nebom naj se zberejo na en kraj in prikaže naj se kopno!"* (Geneza 1:9), se je tako tudi zgodilo. Kopno je imenoval zemlja, zbrane vode pa morje. Nato je Bog rekel: *„Zemlja naj požene zelenje, rastlinje, ki daje seme, in drevje, ki na zemlji rodi sadje s semenom po svoji vrsti"* (Geneza 1:11), in zemlja je rodila zelenje, rastline so obrodile seme, in drevje je rodilo sadje s semeni svoje vrste. Četrti dan je ustvaril sonce, luno in zvezde na prostranem nebu. Sonce je gospodovalo podnevi, luna pa ponoči. Peti dan je ustvaril velike morske živali in vsa živa bitja, ki se gibljejo in mrgolijo v vodah, po njihovih vrstah in vse krilate ptice po njihovih vrstah. Šesti dan je ustvaril živino, laznino in zveri zemlje po njihovih vrstah.

Človek je bil ustvarjen v Božji podobi

Bog Stvarnik je šest dni urejal okolje, v katerem bo lahko živel človek, nato pa ustvaril človeka po Svoji podobi. Človeka je blagoslovil za gospodarja vseh živali in mu naročil podvreči si jih ter jim vladati.

Bog je ustvaril človeka po Svoji podobi, po Božji podobi ga je ustvaril, moškega in žensko je ustvaril. Bog ju je blagoslovil in Bog jima je rekel: „Bodita rodovitna in množita se, napolnita zemljo in si jo podvrzita; gospodujta ribam v morju in pticam na nebu ter vsem živalim, ki se gibljejo po zemlji!" (Geneza 1:27-28)

Toda kako je potem Bog izoblikoval človeka?

GOSPOD Bog je iz zemeljskega prahu izoblikoval človeka, v njegove nosnice je dahnil življenjski dih in tako je človek postal živa duša (Geneza 2:7).

V tem odlomku se prah nanaša na glino. Spreten lončar, ki ima na voljo kakovostno glino, bo izdelal beli porcelan visoke monetarne vrednosti. Na drugi strani pa nekateri drugi lončarji izdelujejo neglazirane lončenine, strešno opeko in zidake.

Vrednost lončevine je odvisna predvsem od izdelovalca, oziroma od kakovosti izdelave, vrste uporabljene gline in vrste lončenine. Kako dobro pa je Svoje delo opravil Vsemogočni Bog Stvarnik, ko je izoblikoval človeka po Svoji podobi?

Potem ko je Bog je iz zemeljskega prahu izoblikoval človeka, je v njegove nosnice dahnil življenjski dih oziroma življenjsko energijo. Tako je človek postal živa duša. Življenjski dih je krepost, moč, energija in Božji duh.

Bog daje človeku življenjski dih

Če pomislite na postopek sevanja fluorescentne svetilke, boste lažje razumeli postopek, po katerem je bil ustvarjen človek kot živ duh. Da bi fluorescentna svetilka oddajala svetlobo, jo moramo najprej priključiti, toda svetilka ne bo svetila, dokler ji ne bomo dovajali električnega toka.

Enako velja za vaš televizijski sprejemnik. Dokler ga ne vklopite, na zaslonu ne boste videli ničesar. Šele ob vklopu boste nato deležni vizualne in zvočne izkušnje. Sliko lahko pričarate s preprostim pritiskom na gumb za vklop televizijskega sprejemnika, toda v notranjosti za vaše ugodje skrbi zelo zapleten skupek elektronskih komponent.

Prav tako je tudi Bog poleg človekove podobe izoblikoval njegove notranje organe in kosti iz zemeljskega prahu. Ustvaril je žile, skozi katere se je pretakala kri, in živčni sistem, ki je do popolnosti opravljal svojo funkcijo.

Božja moč lahko po Njegovi volji kadarkoli spremeni prah v

gladko kožo. Tako kot smo v zgornjem primeru odprli pretok električne energije, tako je Bog dahnil življenjski dih v človeka. Še v istim trenutku se je po njegovem telesu začela pretakati kri in človek je lahko dihal in se premikal.

Poleg tega ljudje beležimo naša doživetja v možganskih celicah, saj je Bog znotraj njih izoblikoval pomnilniške enote. Vnesene informacije se nam vtisnejo v spomin in postanejo znanje, ki ga nato poustvarjamo z mislimi. In kadar v življenju koristimo to zakladnico znanja, to imenujemo modrost.

Četudi smo ljudje zgolj bitja, pa smo razširili našo modrost in znanje ter razvili zapleteno znanstveno civilizacijo. Tako danes raziskujemo vesolje, izdelujemo računalnike in vanje vnašamo ogromne količine podatkov, do katerih lahko dostopamo kadarkoli, ravno tako kot dostopamo do pomnilniških enot, ki jih je Bog zasadil v naših možganih. Napredovali smo tako daleč, da izdelujemo računalnike z umetno inteligenco, ki ločijo med črkami, prepoznajo človeški glas in celo komunicirajo z nami. In temu napredku ni videti konca.

Koliko lažje je moralo biti vsemogočnemu Bogu Stvarniku, ko je iz zemeljskega prahu izoblikoval človeka, vanj dahnil življenjski dih in tako ustvaril v živo bitje. Za Boga, ki ustvarja iz nič, je to zelo preprosta naloga, za človeka pa je to nekaj veličastnega in hkrati nedoumljivega (Psalmi 139:13-14).

Čemu Bog vzgaja ljudi?

Jezus nas uči o Božji previdnosti skozi številne svetopisemske prilike. Ker s človeškim dojemanjem ni moč razumeti duhovnega sveta, je Jezus v Svojih prilikah uporabil zemeljske predmete.

Veliko teh prilik govori o vzgoji človeštva. Na primer prilika o sejalcu (Matej 13:3-23, Marko 4:3-20, Luka 8:4-15), prilika o gorčičnem zrnu (Matej 13:31-32, Marko 4:30-32, Luka 13:18-19), prilika o ljuljki med pšenico (Matej 13:24-30, 36-43), prilika o vinogradu (Matej 20:1-16) ter prilika o viničarjih (Matej 21:33-41, Marko 12:1-9, Luka 20:9-16).

Te prilike nas učijo, da tako kot kmetje prekopljejo zemljo, posadijo semena, skrbijo zanje in naposled žanjejo pridelek, tako tudi Bog oblikuje in vzgaja ljudi na zemlji in bo naposled ločil zrna od plev.

Bog si želi deliti pravo ljubezen s Svojimi otroci

V Bogu sta božanskost in človeškost hkratni. Božanskost je moč vsevednega in vsemogočnega Boga Stvarnika, človeškost pa zajema človeški um. Tako je Bog ustvaril in gospoduje vsemu vesolju, človeški zgodovini in našemu življenju. Bog prav tako čuti veselje, bes, žalost in radost, ter si želi deliti ljubezen s Svojimi otroci.

Sveto pismo nam znova in znova govori, da ima Bog podobno osebnost kot ljudje, saj se veseli in blagoslavlja človeka, kadar je ta dober, ter vzdihuje in srdito žaluje, kadar človek greši. Božja beseda pogosto izžareva to Njegovo željo po obdarovanju in komunikaciji z Njegovimi otroci.

Če bi Bog imel samo božanske lastnosti, mu ne bi bilo treba počivati po 6-dnevnem stvarjenju in tudi občestva z nami ne bi iskal. Tako pa je rekel: *„Neprenehoma molite"* (1 Tesaloničanom 5:17) in *„Kliči Me in ti Bom odgovoril; povedal ti Bom velike in nedoumljive reči, ki jih nisi poznal"* (Jeremija 33:3).

Včasih si res želimo biti sami, toda ponavadi smo najsrečnejši, kadar imamo ob sebi enako mislečega prijatelja, s katerim si lahko delimo ljubezen. In ravno zato je tudi Bog ustvaril človeka po Svoji podobi, saj si želi z nekom izmenjati ljubezen. Bog vzgaja človeštvo na tej zemlji, ker si želi pravih Božjih otrok, ki bodo razumeli Njegovo srce in Ga iz srca ljubili.

Bog si želi, da bi bili otroci poslušni po svoji svobodni volji

Morda se nekateri sprašujete, zakaj je Bog ustvaril ljudi in nas vzgajal vse do danes, ko pa je že tako v nebesih veliko pokornih angelov in množica nebeške vojske. Toda angeli nimajo človeških lastnosti, ki so poglavitne pri deljenju ljubezni. Ali z drugimi besedami, angeli nimajo svobodne volje, da bi lahko sami izbirali. Angeli so kot roboti poslušni ukazom, vendar pa za razliko od ljudi niso sposobni v polni meri občutiti veselja, besa, žalosti ali radosti, zato ne morejo z vsem srcem deliti ljubezni z Bogom.

Za primer predpostavimo, da imate dva otroka. Eden vas uboga, ne da bi izražal kakršnakoli čustva ali mnenje, torej kot dobro programiran robot, drugi otrok pa vas občasno prizadene, a že kmalu obžaluje svoje dejanje, se vas oklepa in vam na različne načine izliva svoje srce. Katerega od njiju bi bolj ljubili? Jasno, da slednjega.

Pa predpostavimo, da si lastite robota, ki vam kuha, pospravlja in streže. Nedvomno vam bo zelo všeč, toda zagotovo ga ne boste ljubili bolj kot svoje otroke. Naj bo še tako delaven in ustrežljiv, pa nikoli ne bo mogel nadomestiti vaših otrok.

In ravno tako je tudi Bogu bolj pri srcu človek, saj mu ta sledi po svoji volji, z razumom in čustvi, za razliko od nebeške vojske in angelov, ki delujejo kot ubogljivi programirani roboti. Bog daje ljudem svobodno voljo in Svojo besedo ter nas uči ločiti med dobrim in slabim, med potjo odrešenja in potjo pogube. Bog potrpežljivo čaka, da bomo postali pravi Božji otroci.

Bog vzgaja človeštvo s starševsko ljubeznijo

Geneza 6:5-6 pravi: „*GOSPOD pa je videl, da na zemlji narašča človekova hudobija in da je vse mišljenje in hotenje njegovega srca ves dan le hudobno. GOSPODU je bilo žal, da Je naredil človeka na zemlji, in bil Je žalosten v svojem srcu.*"

Ali to pomeni, da se Bog ni zavedal tega dejstva, preden je ustvaril človeka? Vsekakor se je zavedal, saj je vendar Bog vseveden in vsemogočen, zato Je vedel vse že pred začetkom časa. Pa vendar Je ustvaril človeka in ga vzgajal vse do danes.

Če ste starš, boste morda lažje razumeli. Imeti in vzgajati otroke je zelo težka naloga! Žensko med devetmesečno nosečnostjo spremljajo številne težave, kot sta slabost in nespečnost, med porodom pa doživlja neznosne bolečine. Starši se trudijo in garajo dneve in noči, da bi hranili, oblačili in učili svoje otroke. Ko se otroci vrnejo pozno domov, so starši v skrbeh zanje. Kadar zbolijo, starši prebolijo več bolečine kot otroci sami.

Zakaj starši vzgajajo svoje otroke navkljub vsem bolečinam in naporom? Razlog je ta, da si želijo nekoga, s katerim bi si delili ljubezen, in še posebej nekoga, ki bo čutil njihovo ljubezen in jim tudi sam vračal ljubezen iz srca. Zato staršem celo bolečina prinaša srečo in veselje. Poleg tega so otroci nadvse ljubki, kadar so na las podobni svojim staršem. Seveda pa vsi otroci ne morejo biti ubogljivi do svojih staršev. Nekateri spoštujejo in imajo radi svoje starše, drugi pa jim povzročajo preglavice.

Starši se seveda zavedajo te njihove muhavosti in jim tega ne zamerijo. Pravzaprav se zelo trudijo in si prizadevajo, da bi otroci odrasli v srečne in uspešne posameznike. In ravno tako se je tudi Bog zavedal, da bo človek muhast, pokvarjen in da bo povzročal škodo, vendar pa je hkrati vedel tudi, da bodo med ljudmi tudi nekateri pravi Božji otroci, ki bodo z Njim delili ljubezen. Zato je Bog ustvaril človeka in ga z veseljem vzgajal vse do danes.

Bog si želi biti slavljen s strani Svojih pravih otrok

Bog vzgaja človeške duše na tej zemlji, ne samo da bi pridobil prave otroke, temveč tudi zato, da bi preko njih prejel slavo. Bog prejema slavo od številnih angelov, kot tudi od nebeške vojske, toda v resnici si želi biti slavljen samo s strani Svojih pravih, vzgojenih Božjih otrok.

V Izaiji 43:7 Bog pravi: „*Vsakega, ki ima ime po Meni, ki Sem ga Sebi v slavo ustvaril, upodobil in naredil,*" v Prvem pismu Korinčanom 10:31 pa nam naroča: „*Najsi torej jeste ali pijete ali delate kaj drugega, vse delajte v Božjo slavo.*"

Bog je Stvarnik, Ljubezen in Pravičnost. Da bi nas rešil, je za nas dal Svojega edinega Sina, nam uredil nebesa in večno življenje. Bog je vedno vreden slave, sploh pa si tudi On želi vrniti slavo tistim, ki slavijo Njega.

Zato postanite pravi Božji otroci, ki bodo za vedno z Njim delili ljubezen in razumeli, zakaj si Bog želi biti slavljen s strani Svojih duhovno-vzgojenih otrok.

Bog ločuje zrnje od plev

Kmetje obdelujejo zemljo, saj si želijo pridelati veliko pridelka. Tudi Bog pa vzgaja človeške duše na zemlji, da bi pridobil prave otroke, ki Ga ne samo ljubijo in slavijo z vsem svojim srcem, pač pa bodo z Njim večno delili ljubezen tudi v nebesih.

Žetev vselej obrodi tako zrnje kot pleve, ki ju kmetje nato ločijo. Zrnje zberejo v svoje kašče, pleve pa uničijo z ognjem. In tudi Bog bo na tak način ločil zrnje od plev, ko bo napočil konec vzgoje človeških duš:

Velnico ima v roki in počistil bo Svoje mlatišče.
Svoje žito bo spravil v kaščo, pleve pa sežgal z
neugasljivim ognjem (Matej 3:12).

Trdno morate torej verjeti, da Bog vzgaja človeške duše na tej zemlji in da bo ob Svoji uri poklical zrnje – prave otroke – v večna nebesa, pleve pa sežgal z neugasljivim ognjem pekla.

No, pa si pobliže oglejmo, kakšna vrsta ljudi v Božjih očeh

predstavlja zrnje in kakšna pleve, ter kakšna prostora sta nebesa in pekel.

Zrnje in pleve

Zrnje simbolizira tiste, ki hodijo v resnici, so sprejeli Jezusa Kristusa ter si z Bogom delijo ljubezen. Gre za otroke luči, ki so si povrnili izgubljeno Božjo podobo in sledijo Božjim ukazom.

Na drugi strani pa pleve predstavlja tiste, ki ne sprejemajo Jezusa Kristusa, oziroma tiste, ki trdijo, da verujejo, a v resnici ne živijo v skladu z Božjo besedo, temveč hodijo za svojimi lastnimi hudobnimi poželenji.

Prvo pismo Timoteju 2:4 opisuje našega Boga kot nekoga, *"ki hoče, da bi se vsi ljudje rešili in prišli do spoznanja resnice."* Bog si torej želi, da bi vsi ljudje postali zrnje in bi vstopili v nebeško kraljestvo. In Bog vam to dopoveduje na različne načine, zato da bi vas popeljal na pot odrešenja. Kljub temu pa nekateri ljudje po svoji lastni svobodni volji kršijo Božjo voljo in previdnost. Ti ljudje pred Bogom niso nič boljši od zveri, saj so izgubili človeške vrednote.

Kmetje sežgejo pleve oziroma ga uporabijo kot gnojilo, kajti če bi v kaščo shranili tako zrnje kot pleve, bi se zrnje pokvarilo. In tudi Bog ne bo dovolil plevam vstopiti v nebeško kraljestvo, kjer bo domovalo zrnje. Človek ima za razliko od živali nesmrtnega duha, saj je Bog ob njegovem stvarjenju vanj dahnil življenjski dih. Zaradi tega Bog ne more uničiti plev, ali jih spremeniti v nič.

In tako je neizbežno, da bo Bog zbral zrnje v nebesih in jim dovolil uživati v večni sreči, pleve pa bo za veke vekov gorelo v neugasljivem ognju pekla. Zato upoštevajte to dejstvo, da ne boste pristali v plamenih pekla.

Čudovita nebesa in grozljiv pekel

Na eni strani imamo nebesa, ki so tako čudovita, da jih ni moč primerjati z ničemer na tem svetu. Na primer, cvetovi tega sveta kmalu ovenijo, medtem ko nebeški cvetovi nikoli ne ovenijo in ne odpadejo, kajti v nebesih je vse nesmrtno. Ceste so izdelane iz čistega zlata, skozenj teče reka življenja, ki se blešči kakor kristal, in hiše so izdelane iz vseh vrst lesketajočih se draguljev. Vse je tako čudovito, da kar jemlje sapo (več o tem v knjigah Nebesa, 1. in 2. knjiga).

Na drugi strani pa imamo pekel, kjer črvi ne umrejo in ogenj ne ugasne. Tukaj bo vsakdo z ognjem osoljen (Marko 9:48-49). Poleg tega pekel vsebuje jezero z ognjem in žveplom, ki je sedemkrat bolj vroče kot ognjeno jezero (Razodetje 20:10, 15). Neodrešeni ljudje morajo za vse veke živeti v jezeru z neugasljivim ognjem ali jezeru z gorečim žveplom. Kako grozno in strašno mora biti živeti v peklu za vso večnost (več o tem v knjigi Pekel)!

Zato Jezus pravi v Marku 9:43: *„Če te tvoja roka pohujšuje, jo odsekaj! Bolje je zate, da prideš pohabljen v življenje, kakor da bi imel obe roki, pa bi prišel v peklensko dolino, v neugasljivi ogenj."*

Čemu Bog poleg čudovitih nebes potrebuje tudi grozljiv pekel? V kolikor bo ničvrednežem dovoljeno stopiti v prostor, kjer bivajo dobri in Božje ljubezni vredni ljudje, bo slednjim težko živeti, saj bodo nebesa oskrunjena s hudobijo. Če povzamem, Bog je ustvaril pekel zato, ker ljubi človeka in želi samo najboljše za Svoje otroke.

Sodba z velikega belega prestola

Tako kot kmet leto za letom seje semena in žanje sadove, tako Bog vzgaja človeške duše že vse odkar je bil Adam izgnan iz rajskega vrta in bo z vzgojo tudi nadaljeval vse do Jezusovega ponovnega prihoda.

Bog je razodel Svojo voljo očetom vere, kot so Noe, Abraham, Mojzes, Janez Krstnik, Peter in apostol Pavel. Danes Bog neprekinjeno vzgaja človeške duše skozi Svoje duhovnike in cerkvene delavce, a ker vsakemu začetku sledi konec, tudi ta vzgoja človeških duš ne bo trajala večno.

Drugo Petrovo pismo 3:8 nas uči: *„Tega, ljubi, ne smete prezreti: pred Gospodom je en dan kakor tisoč let in tisoč let kakor en dan."* Tako kot je Bog po 6-dnevnem stvarjenju vesolja na sedmi dan počival, tako bo šest tisoč let po Adamovi neposlušnosti sledilo tisočletno kraljestvo miru ter drugi Jezusov prihod. Sledila bo Božja sodba z velikega belega prestola, skozi katero bo Bog dopustil zrnju vstopiti v nebesa, pleve pa bo odvrgel v ogenj pekla.

Zato molim v imenu Jezusa Kristusa, da bi razumeli Božjo previdnost in ljubezen, živeli blaženo življenje ter slavili Boga z gorečim hrepenenjem po nebeškem kraljestvu.

3. poglavje

DREVO SPOZNANJA DOBREGA IN HUDEGA

- Adam in Eva v rajskem vrtu
- Adam je grešil s svobodno voljo
- Plačilo za greh je smrt
- Zakaj je Bog zasadil drevo spoznanja dobrega in hudega v rajskem vrtu?

Sporočilo Križa

„*GOSPOD Bog je vzel človeka in ga postavil v edenski vrt, da bi ga obdeloval in varoval. GOSPOD Bog je človeku zapovedal in rekel: ,Z vseh dreves v vrtu smeš jesti, le z drevesa spoznanja dobrega in hudega nikar ne jej! Kajti na dan, ko bi jedel z njega, boš gotovo umrl.'*"

Geneza 2:15-17

Tisti, ki se ne zavedajo velike ljubezni Boga Stvarnika in Njegove globoke previdnosti pri vzgoji pravih Božjih otrok, se bodo morda spraševali: „Čemu je Bog zasadil drevo spoznanja dobrega in hudega v rajskem vrtu?" „Zakaj je Bog dopustil prvemu človeku zaiti na pot uničenja?" Ti ljudje so mnenja, da človek morda sploh ne bi umrl in bi večno živel v rajskem vrtu, če le Bog tam ne bi zasadil drevesa.

Nekateri celo trdijo, da „Bog morda sploh ni vedel, da bo Adam pojedel prepovedani sadež z drevesa spoznanja dobrega in hudega," ker ne verjamejo v vsevednost in vsemogočnost Boga. Ali je Bog — ko je zasadil drevo — resnično imel slabo razumevanje in se ni vnaprej zavedal Adamove neposlušnosti? Ali pa je morda namenoma zasadil to drevo in popeljal človeka na pot pogube? Seveda ne!

Čemu je potem Bog zasadil drevo spoznanja dobrega in hudega sredi rajskega vrta? Zakaj je Adam prekršil Božji ukaz in stopil na pot pogube?

Adam in Eva v rajskem vrtu

Bog je iz zemeljskega prahu izoblikoval človeka in v njegove nosnice dahnil življenjski dih. Tako je človek postal živa duša

(Geneza 2:7). Živa duša je duhovno bitje, ki ob svoji stvaritvi ne poseduje nobenega znanja. Poglejmo si preprost primer. Novorojenček nima modrosti niti znanja. Dojenček ima spominski sistem v svojih možganih, a še nikoli ni ničesar videl, slišal ali bil o čem poučen. Zato se lahko ravna le po svojem instinktu.

Ravno tako pa tudi Adam ni posedoval duhovne modrosti ali znanja, ko je prvič postal živa duša.

Adam je od Boga pridobil znanje o življenju

Bog je zasadil vrt proti vzhodu v Edenu in tja postavil človeka. Adamu je osebno predal zapovedi o življenju in resnici, zato da bi ta znal nadzorovati in voditi rajski vrt.

Geneza 2:19 pravi: *„GOSPOD Bog je izoblikoval iz zemlje vse živali na polju in vse ptice pod nebom ter jih pripeljal k človeku, da bi videl, kakšna imena jim bo dal, in da bi vsako živo bitje imelo tisto ime, ki bi mu ga dal človek."* Tako je Adam pridobil vso potrebno znanje o življenju, da bi lahko gospodoval vsem živim bitjem.

Poleg tega je Bog poskrbel, da Adam ne bi bil sam. Poslal ga je v trdno spanje in mu izoblikoval pomočnika. Medtem ko je Adam spal, je vzel eno njegovih reber in tisto mesto napolnil z mesom. Iz rebra je naredil ženo in jo pripeljal pred Adama. Mož in žena sta se tako združila in postala eno meso (Geneza 2:20-22).

Do tega pa ni prišlo zaradi Adamove osamljenosti, pač pa zato, ker je bil Bog pred začetkom časa dolgo obdobje povsem sam in je dodobra izkusil osamljenost. Velika ljubezen in milost sta Bogu narekovali, naj Adamu ustvari pomočnika. Ker pa se je vnaprej zavedal Adamovega položaja, ju je blagoslovil in jima naročil, naj se množita in napolnita zemljo.

Adamovo dolgo življenje v rajskem vrtu

Kako dolgo sta Adam in njegova žena Eva živela v rajskem vrtu? Sveto pismo nam tega ne razkriva, vendar je jasno, da sta tam živela dlje časa, kot si večina ljudi misli.

Sveto pismo nameni le nekaj odlomkov dogajanju v raju, zato ljudje mislijo, da je Adam pojedel prepovedani sadež in zašel na pot uničenja že kmalu zatem, ko ga je Bog postavil v rajski vrt. Nekateri se sprašujejo: „Sveto pismo nas uči, da človeška zgodovina šteje zgolj šest tisoč let, toda kako je potem mogoče pojasniti številne fosilne ostanke, ki segajo več sto tisoč let v preteklost?"

Zgodovina človeške vzgoje v Svetem pismu je dolga okoli 6.000 let, začenši z izgonom Adama in Eve iz raja. Ta zgodovina pa ne vključuje dolgega obdobja, ki sta ga preživela v rajskem vrtu. Skozi čas so se na Zemlji odvile velike geološke in geografske spremembe, kot so tektonski premiki ter več ciklov razmnoževanja in izumrtja. Kot že rečeno, o tem dejstvu priča cela vrsta najdenih fosilov.

V Genezi 1:28 je Bog blagoslovil prvega človeka Adama in njegovo ženo, in še preden je Adam človeštvu nakopal prekletstvo, je dolgo časa hodil z Bogom v raju, imel veliko otrok in tako napolnil rajski vrt. Kot gospodar vseh stvaritev si je Adam podvrgel in gospodoval vsej zemlji, kot tudi rajskemu vrtu.

Adam je grešil s svobodno voljo

Bog je dal Adamu in Evi svobodno voljo in jima omogočil življenje obilja in radosti v rajskem vrtu. Prepovedal jima je samo eno stvar, in sicer jesti z drevesa spoznanja dobrega in hudega.

Če bi Adam razumel globoko Božje srce in Ga resnično ljubil, bi spoštoval Njegov ukaz in ne bi pojedel prepovedanega sadeža. Tako pa ni upošteval Njegovega ukaza, saj v svojem srcu ni ljubil Boga.

Bog je postavil drevo spoznanja dobrega in hudega v rajski vrt ter vzpostavil strog zakon med Bogom in človekom. Človeku je omogočil gospodariti po lastni svobodni volji, saj je želel pridobiti prave Božje otroke, ki bi Mu sledili z vsem svojim srcem.

Adam je prekršil Božjo zapoved

Bog v svetem pismu pogosto obljublja blagoslove tistim, ki vestno izpolnjujejo vse Njegove zapovedi (Devteronomij 15:4-6, 28:1-14). Toda, kdo dejansko izpolnjuje vse Njegove zapovedi? Sveto pismo samo priznava, da to zmore zgolj peščica ljudi tega sveta.

Bog je gotovo pojasnil prvemu človeku Adamu, da bo užival večno življenje in blagoslove, dokler bo ubogal Boga. V kolikor pa ne bo ubogal, ga čaka večna smrt. Bog ga je posvaril, naj ne je z drevesa spoznanja dobrega in hudega.

Toda Adam in Eva se nista zmenila za to Božjo zapoved in sta pojedla prepovedani sadež. Satan si je vse od začetka prizadeval onemogočiti Božji načrt o vzgoji pravih duhovnih otrok in nazadnje mu je s pomočjo kače, ki je bila bolj prekanjena kakor vse druge živali, končno uspelo napeljati Adama in Evo v skušnjavo (Geneza 3:1). Tako sta Adam in Eva prekršila Božjo zapoved. Toda kako je lahko Adam prekršil Božjo zapoved, ko pa je bil živ duh in ga je Bog vselej učil samo resnico?

V Genezi 2:15 spoznamo, da je Bog naročil Adamu obdelovati in varovati rajski vrt. Adam je tako od Boga prejel moč in oblast za varovanje in gospodarjenje v rajskem vrtu. Bog mu je zadal to nalogo, zato da ne bi sovražnik hudič in satan vdrl v raj. Kljub temu pa je satan uspel ukrotiti kačo in napeljati Adama in Evo v skušnjavo. Toda kako mu je to uspelo?

Po Svetem pismu je satan zli duh, ki ima oblast nad kraljestvom zraka. Satan nima oblike, saj ni fizično bitje. Pismo Efežanom 2:2 opisuje satana kot poglavarja oblasti zraka oziroma duha, ki deluje v sinovih neposlušnosti.

Satan je kot radijski valovi, ki se širijo po zraku, in ravno zato si je znal podvreči kačo v rajskem vrtu, da je napeljala Adama in Evo v skušnjavo. V 1. poglavju Geneze večkrat naletimo na ponovljeno frazo. Po vsakem dnevu stvarjenja je namreč zapisano: „Bog je videl, da je dobro." Ta izraz pa ni bil izrečen na drugi dan, v katerem je Bog ustvaril nebo.

Pismo Efežanom 2:2 govori o časih, *„v katerih ste nekoč živeli na način tega sveta, ko ste sledili poglavarju oblasti zraka; ta duh zdaj deluje v sinovih neposlušnosti."* Bog je vnaprej vedel, da bodo zli duhovi prevzeli oblast nad kraljestvom zraka.

Kača je Evo zapeljala v skušnjavo

Kako je uspelo kači, ki je zgolj ena od živali na polju, premamiti Evo, da je ta prekršila Božjo zapoved?

V rajskem vrtu so ljudje lahko komunicirali z živimi bitji, kot so cvetlice, drevesa, ptice, zveri in tako naprej. Tako je lahko tudi Eva komunicirala s kačo. Za razliko od danes so takrat ljudje oboževali in občudovali kače. Tudi Eva jih je oboževala, saj so bile tako zelo gladke, čiste, dolge in modre. Kače so Evo dobro poznale in so bile do nje ustrežljive. Podobno velja za pse, ki so ljubljeni s strani svojih lastnikov, ker so tako pametni in ustrežljivi, bolj kot katerakoli druga žival.

Toda danes so številni ljudje mnenja, da so kače grozne, strupene in nagnusne. Skoraj instinktivno jih sovražijo, saj so bile ravno kače tiste, ki so preslepile prvega človeka Adama in njegovo ženo Evo, da sta prekršila zapoved in vso človeštvo pahnila na pot pogube.

Da bi razumeli resnično naravo kače, morate poznati značilnosti prvotne zemlje. Prst je sestavljena iz različnih sestavin in različnih deležev le-teh. Dodane snovi spremenijo prst v revno oziroma bogato. Bog je pri oblikovanju različnih živali na polju in ptic pod nebom izbral točno določeno vrsto prsti, ki je bila primerna za posamezno žival (Geneza 2:19).

Bog sprva kače ni naredil prekanjene, pač pa jo je naredil modro, zato da bi bila ljubljena od človeka. Kljub temu pa je kača postala prekanjena, potem ko jo je prevzela zlobna narava.

Če kača ne bi poslušala satanovega glasu, ampak bi še naprej sledila Božji volji, bi kmalu postala zelo modra žival. Tako pa je ubogala satanov glas in postala prekanjena žival, ki je s svojo zvijačnostjo preslepila Evo.

Ker je Eva spremenila Božjo besedo

Kača je dobro vedela, kaj je Bog zapovedal Adamu: „Z vseh dreves v vrtu smeš jesti, le z drevesa spoznanja dobrega in hudega nikar ne jej! Kajti na dan, ko bi jedel z njega, boš gotovo umrl" (Geneza 2:16-17). Prekanjeno je vprašala Evo: *„Ali je Bog res rekel, da ne smeta jesti z nobenega drevesa v vrtu?"* (Geneza 3:1)

Eva je odgovorila:

> *Od sadu drevja v vrtu jeva, le z drevesa sredi vrta, je rekel Bog, „ne jejta sadu, tudi dotikajta se ga ne, sicer bosta umrla!"* (Geneza 3:2-3).

Bog je zelo jasno posvaril Adama: *„Z vseh dreves v vrtu smeš jesti, le z drevesa spoznanja dobrega in hudega nikar ne jej! Kajti na dan, ko bi jedel z njega, boš gotovo umrl"* (Geneza 2:17). Poudaril je, da ne bosta preživela, če bosta jedla z drevesa. Kljub temu pa Eva v dialogu s kačo ni bila tako jasna. Ponovila je samo besedi „umrla bosta", besedo „gotovo" pa izpustila. Ali z drugimi besedami: „Če boš pojedel prepovedani sadež, boš umrl, ali pa tudi ne."

V sebi se ni držala Božje zapovedi, saj je nekoliko dvomila v

Božjo besedo. Ko je kača slišala ta njen neodločen in dvomljiv odgovor, si je začela še močneje prizadevati, da bi jo premamila. Obrnila je Božje besede in rekla: „Nikakor ne bosta umrla." Predrugačila je Božjo zapoved in spodbujala Evo: *„ V resnici Bog ve, da bi se vama tisti dan, ko bi jedla z njega, odprle oči in bi postala kakor Bog, poznala bi dobro in húdo"* (Geneza 3:5). Ponovno jo je nagovorila in še dodatno vzbudila njeno radovednost.

Eva je grešila s svobodno voljo

Potem ko je satan pri Evi spodbudil pregrešno poželenje skozi njene neresnične misli, je naenkrat videla drevo v povsem drugi luči. Geneza 3:6 pravi: *„Žena je videla, da je drevo dobro za jed, mikavno za oči in vredno poželenja, ker daje spoznanje. Vzela je torej od njegovega sadu in jedla, dala pa je tudi možu, ki je bil z njo, in je jedel."*

Odločno bi morala premagati kačjo skušnjavo, tako pa je v njenih očeh prevladalo pregrešno hrepenenje, poželenje in življenjski ponos, kar jo je zapeljalo v greh neposlušnosti.

Nekateri pravijo: „Ali nista Adam in Eva jedla z drevesa spoznanja dobrega in hudega zaradi njune ‚grešne narave'?" Toda v resnici se v njima ni skrivala grešna narava, temveč le dobrota, vse dokler se nista uprla Bogu. Po svoji lastni svobodni volji sta se odločala, ali bosta kljubovala Bogu in pojedla prepovedani sadež.

Sčasoma sta prezrla Božjo zapoved in takrat ju je satan s pomočjo kače premamil v skušnjavo. Na ta način sta prekršila Božji zakon in zapadla v greh.

Podobno velja za stopnjevanje zlobe pri otrocih, saj celo tisti, ki so najbolj zlobni v svojih dejanjih in besedah, ob rojstvu niso bili zlobni. Tak otrok najprej posnema neotesane besede drugih otrok, ne da bi se zavedal njihovega pomena. Lahko tudi posnema dečka, ki je udaril svojega vrstnika, in že kmalu bo sam začel uživati v pretepanju drugih fantov. Z vsakim udarcem se bo zlo v njem razširilo.

Tako tudi Adam sprva ni imel grešne narave. Šele ko je prekršil Božjo zapoved in po svoji lastni svobodni volji jedel z drevesa, je bil rojen greh in v njem se je naselilo zlo.

Plačilo za greh je smrt

Tako kot je Bog posvaril Adama, da bosta z Evo umrla, če bosta jedla z drevesa spoznanja dobrega in hudega, tako se je nazadnje tudi zgodilo. V Jakobu 1:15 piše: *„Nato poželenje spočne, rojeva greh, storjeni greh pa porodi smrt."*

Pismo Rimljanom 6:23 nas uči, kako zakoni duhovnega sveta opredeljujejo ceno greha: *„Plačilo za greh je smrt."* No, pa si poglejmo, kako je zaradi neposlušnosti Adama in Evo doletela smrt.

Smrt njunih duhov

Bog je jasno posvaril Adama: „Le z drevesa spoznanja dobrega in hudega nikar ne jej! Kajti na dan, ko bi jedel z njega, boš gotovo umrl." Kljub temu pa nista umrla takoj zatem, ko sta prekršila Božjo zapoved, temveč sta živela dolgo življenje in rodila veliko otrok. Toda o kakšni „smrti" je potem svaril Bog?

Bog ni govoril o smrti njunih teles, pač pa o smrti njunih duhov. Človeško naravo sestavlja duh, ki komunicira z Bogom, duša, ki je suženj njegovega duha, in telo, v katerem bivata njegov duh in duša. Prvo pismo Tesaloničanom 5:23 pravi, da je človek sestavljen iz duha, duše in telesa. Ko sta Adam in Eva prekršila Božjo zapoved, sta pri tem umrla njuna duhova.

Bog je brez krivde in brez madeža. On je sveti Stvarnik, ki biva v nedosegljivi luči, zato grešniki ne morejo biti z Njim. Dokler je bil Adam živ duh, je lahko komuniciral z Bogom, ko pa je zaradi greha njegov duh umrl, se je ta njuna komunikacija prekinila.

Začetek mukotrpnega življenja

Rajski vrt je bil zelo bogat in čudovit kraj, v katerem ni bilo nobenih skrbi ali tesnobe. Adam in Eva bi lahko jedla z drevesa življenja in živela večno v raju. Toda grešila sta in bila izgnana iz tega prečudovitega kraja. In takrat so ju začele pestiti bolečine in stiska.

Pri porodu je Eva naenkrat trpela veliko večje bolečine. Hrepenela je po svojem možu, on pa je gospodoval nad njo. Bog je preklel zemljo, tako da je moral Adam trdno garati, da bi lahko od nje jedel vse dni svojega življenja (Geneza 3:16-17).

V Genezi 3:18-19 Bog reče Adamu: *„Trnje in osat ti bo rodila in jedel boš poljsko rastlinje. V potu svojega obraza boš* *jedel kruh, dokler se ne povrneš v zemljo, kajti iz nje si bil vzet. Zares, prah si in v prah se povrneš."* Skozi te odlomke nam Bog sporoča, da se človek mora vrniti v prah.

Ker je Adam, praoče vsega človeštva, zagrešil greh neposlušnosti in duhovno umrl, so vsi njegovi potomci rojeni grešniki in stopajo na pot pogube.

Pismo Rimljanom 5:12 govori o Adamovi večni zapuščini: *„Kakor je torej po enem človeku prišel na svet greh in po grehu smrt in je tako smrt prišla na vse ljudi, ker so vsi grešili."*

Vsi ljudje smo rojeni z izvirnim grehom

Bog ljudem omogoča, da smo rodovitni in se množimo s semeni življenja, ki jih daje On Sam. Človek je spočet, ko se združita semenčica in jajčece, ki ju Bog daje vsakemu moškemu in ženski kot seme življenja. Semenčica oziroma jajčece nosita lastnosti posameznega starša, zato otrok od njiju podeduje videz, značaj, okus, življenjske navade, telesno držo in tako naprej.

Na tak način se je Adamova grešna narava prenesla na vse njegove potomce. Ker pa je Adam praoče vseh ljudi, temu pravimo „izvirni greh." Vsi Adamovi potomci smo rojeni z izvirnim grehom in kot takšni smo neizogibno vsi grešniki.

Nekateri verniki godrnjajo: „Zakaj in kako sem lahko jaz grešnik? Saj vendar nimam nobenega greha." Spet drugi se sprašujejo: „Le kako se je lahko Adamov greh prenesel name?"

Vzemimo primer otroka. Doječa mati doji tujega otroka pred očmi svojega manj kot leto dni starega otroka. Najverjetneje bo to vznemirilo njenega otroka, ki bo skušal odriniti drugega otroka proč. Če mati ne bo prenehala dojiti tujega otroka, oziroma če ta ne bo prenehal sesati njene dojke, bo njen otrok morda celo udaril svojo mater ali tujega otroka. Če tudi s tem ne bo ničesar dosegel, bo morda začel jokati.

Četudi malčka nihče ni naučil zavisti, ljubosumja, sovraštva, pohlepa ali udarjanja, pa so bile te hudobije prisotne v njegovih mislih že vse od njegovega rojstva. To dejstvo nazorno kaže, kako smo ljudje rojeni z izvirnim grehom, ki smo ga podedovali od staršev.

In koliko nato posameznik še dodatno greši na svoji poti skozi življenje? Treba je razumeti, da se za greh pred Bogom ne smatrajo samo grešna dejanja, temveč vse oblike zla, ki se pretakajo v posameznikovih mislih. Bog zazna in opazuje zlobo v naših mislih, od sovraštva, pohlepa, obsojanja in tako naprej.

Sveto pismo nas uči, da se noben človek ne bo opravičil pred Bogom z deli postave, in da smo ljudje brez Božje slave, saj smo vsi grešili (Rimljanom 3:20, 23).

Prekletstvo je padlo na vso stvarstvo, ne samo na človeka

Adam je bil gospodar vseh stvaritev in ko je grešil, ni bil preklet samo on, temveč vsa zemlja, živina, zveri na polju in ptice v zraku. To je pomenilo tudi trenutek, ko so se na svetu pojavile škodljive in strupene žuželke, kot so muhe ali komarji, ki prenašajo toliko različnih bolezni.

Zemlja je rodila trnje in osat in človek je prišel do hrane samo skozi trdo garanje in s potom na obrazu. Ljudje so se bili prisiljeni soočiti s solzami, žalostjo, bolečino, boleznimi in smrtjo, kajti bili so prekleti na tej zemlji.

Pismo Rimljanom 8:20-22 pravi: *"Stvarstvo je bilo namreč podvrženo ničevosti, in sicer ne po svoji volji, ampak zaradi njega, ki ga je podvrgel, v upanju, da se bo tudi stvarstvo iz suženjstva razpadljivosti rešilo v svobodo slave Božjih otrok. Saj vemo, da celotno stvarstvo vse do zdaj skupno zdihuje in trpi porodne bolečine."*

Kako pa je bila prekleta kača? V Genezi 3:14 je Bog rekel prebrisani kači, ki je zapeljala človeka v greh: *"Ker si to storila, bodi prekleta med vso živino in vsemi poljskimi živalmi. Po trebuhu se boš plazila in prah jedla vse dni življenja."* Zelo jasno je rekel: „In prah boš jedla vse dni življenja." Kljub temu pa kače ne jedo prahu, ampak živo hrano, kot so ptice, žabe, miši in žuželke. Kako si naj potem razlagamo ta odlomek?

„Prah" tukaj simbolizira *" ljudi, ki so izoblikovani iz zemeljskega prahu"* (Geneza 2:7), medtem ko „kača" predstavlja sovražnika hudiča in satana (Razodetje 20:2). „Prah boš jedla vse dni življenja" torej govori o tem, da hudič in satan žre tiste ljudi, ki ne živijo po Božji besedi, temveč raje hodijo v temi.

Božjim otrokom prav tako grozi bolečina in stika s strani hudiča in satana, kadar grešijo zoper Božje volje. Hudič in satan tako danes hodi naokrog kakor rjoveč lev, ki išče, koga bi požrl (1 Peter 5:8). In ko najde takšno osebo, jo nemudoma zasužnji pod prekletstvom greha in zvleče na pot uničenja. Kadar je to mogoče, si hudič prizadeva premamiti celo Božje otroke.

Satan in hudič vabi v skušnjavo in posledično na pot smrti tiste ljudi, ki sicer pravijo, da verujejo v Boga, vendar pa niso prepričani v Njegovo besedo. Ponavadi vas bo skušal premamiti skozi vaše najbližje, kot so vaš zakonski partner, prijatelji ali sorodniki – tako kot je premamil Evo skozi kačo, ki je bila ena njenih najljubših živali.

Na primer, morda vas partner ali prijatelj vpraša: „Ali ne bi bilo dovolj, da bi se udeleževal zgolj nedeljske jutranje maše? Ali se res moraš vedno udeležiti tudi večerne maše?" ali „Ali res moraš moliti na ves glas? Saj vendar Bog, ki je vseveden in vsemogočen, pozna tudi tiste tvoje najglobje misli."

Bog nam je zapovedal, da se moramo spominjati Gospodovega dne in ga posvečevati (Eksodus 20:8), ter da moramo moliti na ves glas (Jeremija 33:3). Satan ne more zapeljati tistih, ki poslušajo Božje besede in jih v celoti uresničujejo (Matej 7:24-25).

Kot piše v pismu Efežanom 6:11: „*Nadenite si celotno Božjo bojno opremo, da se boste mogli upirati hudičevim zvijačam,*" se moramo opremiti z besedo resnice ter z vero pogumno pregnati sovražnika hudiča in satana.

Zakaj je Bog zasadil drevo spoznanja dobrega in hudega v rajskem vrtu?

Bog je zasadil drevo spoznanja dobrega in hudega v rajskem vrtu, ne da bi speljal človeka na pot uničenja, pač pa da bi mu prinesel pravo srečo. Mnogi se ne zavedajo tega Njegovega načrta, zato tudi ne razumejo Božje ljubezni in pravičnosti, in posledično ne verujejo v Boga. Živijo bedno oziroma prazno življenje brez pravega smisla.

Zakaj je torej Bog zasadil drevo spoznanja dobrega in hudega v rajskem vrtu in zakaj nam to prinaša obilne blagoslove?

Adam in Eva nista poznala prave sreče

Rajski vrt je bil tako čudovit in bogat kraj, da si ga je resnično težko predstavljati. Bog je vanj zasadil različne vrste dreves, ki so bila prijetna na pogled in izjemno rodna. Sredi vrta sta stali drevo življenja in drevo spoznanja dobrega in hudega (Geneza 2:9).

Toda zakaj je Bog postavil drevo spoznanja dobrega in hudega tik ob drevesu življenja ter tako ustvaril občutek, da sta obe drevesi enako dobri? Bog ni nikoli nameraval speljati Adama in Eve na pot uničenja. Šlo je za Božjo previdnost, da bi skozi drevo spoznanja ljudje doumeli relativizem in postali Njegovi pravi duhovni otroci, ki zaupajo v Njegovo bližino.

Ljudje še kako dobro poznamo solze, žalost, revščino in bolezen, zato nekateri mislijo, da sta Adam in Eva gotovo živela srečno življenje v raju, saj vendar nista poznala bolečine našega sveta. Toda ljudje v rajskem vrtu niso poznali prave sreče in ljubezni, saj se niso nikoli srečali z relativnostjo vrednot.

Vzemimo primer dveh dečkov, od katerih je eden odraščal v revščini, drugi pa v izobilju. Če dečkoma poklonimo zelo drago igračko, kakšen odziv lahko pričakujemo? Na eni strani imamo dečka, ki je živel v blaginji in ne bo pretirano hvaležen, saj ne zna ceniti vrednosti igračke. Potem pa imamo dečka, ki je živel v revščini in bo zato neskončno hvaležen. Igračka bo zanj nekaj zelo dragocenega.

Prava sreča izvira iz relativizma

Tako tudi vsi tisti, ki so izkusili pomanjkanje svobode ali materialnih dobrin, poznajo in uživajo pravo srečo oziroma svobodo. Za razliko od rajskega vrta je namreč naš svet poln relativizma. Če hočete poznati in uživati v pravi vrednosti česarkoli, morate najprej izkusiti njeno relativnost. Nemogoče je namreč dojeti pravo vrednost, dokler ne poznate dobrih in tudi slabih plati.

Na primer, če želite poiskati pravo srečo, morate najprej izkusiti nesrečo. Če želite poznati pravo ljubezen, morate najprej izkusiti sovraštvo. Tudi svojega zdravja ne morete ceniti, dokler niste doživeli bolečine, kot rezultat bolezni ali slabega počutja. Prav tako se ne boste zavedali vrednosti večnega življenja in ne boste hvaležni Bogu Očetu, ki je za nas uredil nebesa, dokler ne boste prepričani v obstoj smrti in pekla.

Prvi človek Adam je lahko jedel, karkoli si je zaželel, in gospodaril z vsemi stvaritvami v rajskem vrtu. Vse to je pridobil brez trdega garanja in brez kapelj potu na obrazu. In ravno iz tega razloga ni izrazil hvaležnosti do Boga, ki mu je vse to podaril, kot se tudi ni zavedal Njegove milosti in ljubezni.

Kasneje je Adam prekršil Božjo zapoved in pojedel prepovedani sadež. Do tistega trenutka je bil živ duh, toda ko je grešil, je njegov duh umrl in postal je meseni človek. Skupaj z ženo sta bila izgnana iz rajskega vrta in sta prišla živet na to našo zemljo. Adam je začel trpeti solze, žalost, bolezni, bolečino, nesrečo, smrt in druge neprijetnosti, ki jih v rajskem vrtu ni nikoli srečal. Tako je nazadnje izkusil vsa nasprotja sreče, ki je vladala v rajskem vrtu.

Skozi ta proces sta Adam in Eva občutila in doumela bistvo sreče in nesreče, kot tudi obilja in svobode, ki sta jima bili dani od Boga v rajskem vrtu.

Vaše življenje bo brez pomena, če boste živeli večno, ne da bi poznali bistvo sreče in nesreče. Četudi danes prestajate stisko, bo vaše življenje toliko bolj dragoceno in pomenljivo, saj boste v prihodnosti uživali pravo srečo.

Na primer, kadar se starši zavedajo, da bodo njihovi otroci prestajali stres pri učenju, a jih kljub temu pošljejo v šolo. Če resnično ljubijo svoje otroke, jih bodo spodbujali k pridnemu učenju ter jih bogato nagrajevali. Enako velja za Boga Očeta, ki je poslal ljudi na ta svet in nas skozi različna doživetja vzgaja kot Svoje prave otroke.

In ravno iz tega razloga Bog ni preprečil Adamu in Evi, da bi po svoji lastni svobodni volji jedla z drevesa spoznanja dobrega in hudega v rajskem vrtu. Bog je načrtoval, da bi ljudje doživeli vse vrste veselja, jeze, žalosti in zadovoljstva tega sveta ter skozi vzgojo postali Njegovi pravi otroci.

Adam in Eva sta tako skozi boleča doživetja končno dojela pravo vrednost in pomen vseh teh občutkov.

Ker pa so Božji otroci skozi človeško vzgojo spoznali in občutili pravo srečo, za razliko od Adama ne bodo nikoli več izdali Boga, pa naj preteče še toliko časa. Neskončno bodo ljubili Boga, bili napolnjeni z veseljem in hvaležnostjo ter živeli v Njegovo slavo.

Prava sreča v nebesih

Božji otroci, ki so izkusili solze, žalost, bolečino, bolezni in smrt tega sveta, bodo vstopili v večna nebesa in tam za vselej uživali v neskončni sreči, ljubezni, radosti in hvaležnosti. V nebesih bodo uživali v radosti popolne sreče.

Na tem mesenem svetu vse gnije in umre, medtem pa večno nebeško kraljestvo ne pozna gnitja, smrti, solza in žalosti. Zlato je najbolj cenjena kovina tega sveta, toda v Novem Jeruzalemu v nebesih so vse ceste narejene iz čistega zlata. Nebeške hiše so zgrajene iz čudovitih in dragocenih draguljev. Ob pogledu nanje vam bo vzelo sapo!

Tudi sam sem smatral zlato in dragulje za najbolj dragocene reči, dokler nisem srečal Boga in izvedel za večna nebesa. Od takrat naprej gledam na vse stvari tega sveta kot na nekaj praznega oziroma ničvrednega. Življenje na tem svetu predstavlja zgolj en sam trenutek v primerjavi z večnim svetom. Če resnično verjamete in hrepenite po večnih nebesih, potem ne boste nikoli vzljubili tega sveta, temveč boste razmišljali samo o tem, kako bi rešili čim več oseb oziroma kako bi evangelizirali vse ljudi tega sveta. Z vsem svojim srcem boste darovali Bogu in si tako nabirali zaklade v nebesih, ne da bi poskušali kopičiti svoje lastno bogastvo na tej zemlji.

Apostol Pavel je svojo mučeniško smrt pričakal z radostjo in hvaležnostjo, kajti Bog mu je v videnju pokazal tretja nebesa. Kot apostol poganov je moral pretrpeti neznosno bolečino. Toda Bog mu je pokazal izjemno nebeško lepoto in ga vzpodbujal, naj hrepeni po nebesih in nadaljuje na poti k Njemu. Trikrat je bil bičan, pretepen s palico, kamnan in večkrat vržen v ječo, in prelival je kri, medtem ko je oznanjal Gospodov evangelij. Kljub vsemu temu pa je Pavel dobro vedel, da bo za svoje trpljenje bogato nagrajen v nebesih. Vsa njegova bolečina mu je nazadnje prinesla neizmerne nebeške blagoslove.

Božji ljudje ne hrepenijo po tem svetu, temveč samo po nebeškem kraljestvu. Ta svet predstavlja zgolj trenutek pred Bogom, življenje v nebeškem kraljestvu pa je večno. V nebesih ni ne solza, ne žalosti, trpljenja in ne smrti. Božji ljudje živijo radostno življenje in se veselijo bogastva, s katerim jih bo obdaril Bog, kajti tako kot so sejali na zemlji, tako bodo sejali tudi v onstranstvu.

Zato molim v imenu našega Gospoda Jezusa Kristusa, da bi se vsi zavedali velike Božje ljubezni in previdnosti ter se pripravili na vstop v nebesa, kjer boste uživali večno življenje in pravo srečo v osupljivo čudovitih in veličastnih nebesih.

4. poglavje

Skrivnost izpred začetka časa

- Adam je predal oblast hudiču
- Zakon o odkupu zemlje
- Skrivnost izpred začetka časa
- Jezus je kvalificiran po zakonu

Sporočilo Križa

„Pa vendar oznanjamo modrost, in sicer med popolnimi! Toda ne modrosti tega sveta, tudi ne modrosti voditeljev tega sveta. Ti minevajo. Mi oznanjamo Božjo modrost v skrivnosti, tisto prikrito, ki jo je Bog pred veki vnaprej določil za naše veličastvo. Te ni spoznal noben mogočnik tega sveta. Kajti ko bi jo spoznali, Gospoda veličastva pač ne bi križali."

Prvo pismo Korinčanom 2:6-8

Adam in Eva sta bila zapeljana od kače v rajskem vrtu, prekršila Božjo zapoved in jedla z drevesa spoznanja dobrega in hudega. Vse to zato, ker sta globoko v sebi gojila željo, da bi bila enaka Bogu. Kot rezultat tega sta oba postala grešnika, prav tako pa tudi vsi njuni potomci.

S človeškega vidika sta bila Adam in Eva precej nesrečna, saj sta bila izgnana iz raja in primorana stopiti na pot pogube. Z duhovnega vidika pa je šlo za velik Božji blagoslov, saj sta skozi Jezusa Kristusa dobila priložnost za odrešitev ter večno življenje, polno nebeških blagoslovov.

Skozi človeško vzgojo je bila razodeta skrivnost, ki je bila dana za naše veličastvo že pred začetkom časa, kar je na stežaj odprlo vrata do odrešenja vseh rodov. V nadaljevanju si bomo pobliže ogledali to skrivnost, ki je bila skrita od vekov, in kako so se odprla vrata do odrešenja.

Adam je predal oblast hudiču

V Luku 4:5-6 skuša hudič zapeljati Jezusa, potem ko je Ta opravil 40-dnevni post:

Nato Ga je hudič povedel gor, Mu v hipu pokazal

vsa kraljestva sveta in Mu rekel: „Tebi bom dal vso to oblast in njihovo slavo, kajti meni je izročena in jo dam, komur hočem."

Hudiču naj bi bila izročena oblast, ki pa jo je nameraval predati Jezusu. Toda zakaj bi Bog, ki gospoduje vsemu stvarstvu, dovolil, da bi bila oblast izročena hudiču?

V Genezi 1:28 piše: *„Bog ju je blagoslovil in Bog jima je rekel: ,Bodita rodovitna in množita se, napolnita zemljo in si jo podvrzita; gospodujta ribam v morju in pticam na nebu ter vsem živalim, ki se gibljejo po zemlji!'"*

Adam je od Boga prejel oblast in moč za vladanje nad vsemi stvaritvami. Dolgo časa je bil gospodar vsega, dokler nista bila skupaj z ženo zapeljana v uživanje z drevesa spoznanja dobrega in hudega. Tako je Adam zagrešil greh neposlušnosti do Boga.

V pismu Rimljanom 6:16 piše: *„Ali ne veste: če se izročite komu kot sužnji, da bi mu bili pokorni, ste pač sužnji tistega, ki se mu pokoravate; bodisi greha, ki pelje v smrt, bodisi pokorščine, ki pelje v pravičnost."* Vsi smo sužnji greha oziroma pravičnosti. Če grešite, ste suženj greha in boste popeljani v smrt. Če pa ste pokorni besedi pravičnosti, potem ste suženj pravičnosti in boste vstopili v nebesa.

Adam je zakrivil greh neposlušnosti do Boga in postal suženj greha, zato sta mu bili odvzeti oblast in moč, ki ju je zdaj moral predati hudiču, podobno kot mora suženj predati gospodarju vso svoje imetje. Skratka, ker je Adam grešil in postal suženj greha, je moral hudiču predati svojo oblast in moč, ki ju je prejel od Boga.

Adamova neposlušnost je tako rodila grehe vsega človeštva.

Tako on kot vsi njegovi potomci so postali sužnji hudiča in posledično obsojeni na smrt.

Zakon o odkupu zemlje

Kaj morajo storiti ljudje, da bi se osvobodili izpod oblasti hudiča in satana ter bili rešeni grehov in smrti? Nekateri pravijo: „Bog vsem brezpogojno odpušča, kajti Bog je ljubezen. Bog je poln usmiljenja in milosti." Medtem pa Prvo pismo Korinčanom 14:40 pravi: „*Vse pa naj poteka spodobno in urejeno.*" Bog vse počne v skladu z zakonom duhovnega sveta. Bog ne počne ničesar v nasprotju z duhovnim zakonom, kajti On je Bog pravičnosti in poštenosti.

V duhovnem svetu velja zakon, po katerem se kaznuje grešnike: „Plačilo za greh je smrt." Prav tako pa velja tudi zakon, po katerem se lahko grešniki odkupijo, in ravno po tem zakonu bi si morali povrniti oblast, ki jo je Adam predal hudiču.

Kakšen je potem ta zakon za odrešenje grešnikov? Pravzaprav gre za zakon o odkupu zemlje, ki ga opisuje Stara zaveza. Po tem zakonu je Bog Oče še pred začetkom časa uredil skrivno pot do odrešenja človeštva.

Kaj veleva zakon o odkupu zemlje?

V Levitiku 25:23-25 Bog Izraelcem ukaže naslednje:

Zemlje ne smete prodajati za zmeraj, kajti zemlja je

Moja, vi ste le tujci in gostači pri Meni. V vsej deželi, kjer bo vaša lastnina, dovoljujte ponovni odkup zemlje! Če tvoj brat obuboža in mora prodati del svoje lastnine, naj pride njegov odkupitelj – to je najbližji sorodnik – in naj odkupi, kar njegov brat prodaja.

Zemlja torej pripada Bogu in je zato ne smemo prodajati. Kadar pa je nekdo zaradi revščine prodal svoj kos zemlje, je Bog dopustil njemu samemu ali njegovemu najbližjemu to zemljo ponovno odkupiti. To je zakon o odkupu zemlje.

Pri prodaji oziroma nakupu zemljišča Izraelci sklenejo pogodbo v skladu s tem zakonom. Zemlje torej ne prodajo za zmeraj.

Prodajalec in kupec podpišeta listino, v kateri je navedena vsebina pogodbe o prodaji zemljišča, ki pa prodajalcu oziroma njegovemu bližnjemu omogoča kasnejši ponovni odkup. Nato naredita dve kopiji ter pogodbo potrdita s pečatom pred dvema ali tremi pričami. Prva, zapečatena kopija, se hrani v skladišču svetega templja, druga, odpečatena, pa v njegovem preddverju. Zakon o odkupu zemlje dovoljuje prodajalcu oziroma njegovemu bližjemu kadarkoli odkupiti zemljo.

Zakon o odkupu zemlje in odrešenje človeštva

Zakaj je Bog pripravil pot do odrešenja človeštva v skladu z zakonom o odkupu zemlje? Geneza 3:19 in 23 nas jasno uči, da je zakon o odkupu zemlje tesno povezan z odrešenjem človeštva:

V potu svojega obraza boš jedel kruh, dokler se ne povrneš v zemljo, kajti iz nje si bil vzet. Zares, prah si in v prah se povrneš (Geneza 3:19).

In GOSPOD Bog je odpravil človeka iz edenskega vrta obdelovat zemljo, iz katere je bil vzet (Geneza 3:23).

Ko je Adam grešil, mu je Bog rekel: „Zares, prah si in v prah se povrneš." „Prah" tukaj simbolizira ljudi, ki so bili izoblikovani iz prahu in se po smrti tudi povrnejo v prah.

Zakon o odkupu zemlje pravi, da vsa zemlja pripada Bogu in da se je ne sme prodati za zmeraj (Levitik 25:23-25). Ti odlomki nam dajejo jasno vedeti, da vsi ljudje, izoblikovani iz zemeljskega prahu, pripadajo Bogu in ne smejo biti prodani za zmeraj. Hkrati pa to pomeni, da tudi oblasti in moči, ki ju je Adam prejel od Boga v rajskem vrtu, ni bilo mogoče prodati za zmeraj, saj sta ravno tako pripadali Bogu.

Adamova oblast je bila predana sovražniku hudiču in satanu, vendar pa jo je lahko tisti, ki je bil primeren za to nalogo, kadarkoli ponovno odkupil od sovražnika hudiča. Bog pravičnosti je določil tudi popolnega odkupitelja, ravno tako v skladu z zakonom o odkupu zemlje. Ta odkupitelj je Odrešenik vsega človeštva.

Skrivnost izpred začetka časa

Bog ljubezni je že pred začetkom časa vedel, da se bo Adam

uprl Njegovemu ukazu in vse svoje potomce popeljal na pot pogube, zato je pripravil prikrito pot do odrešenja človeštva, ki jo bo ob Svojem času tudi razkril.

Če bi hudič vedel za ta Božji načrt, bi Boga oviral pri reševanju človeštva izpod primeža greha in smrti, tako da sam ne bi nikoli izgubil svoje oblasti. Prvo pismo Korinčanom 2:7 pravi: *„Mi oznanjamo Božjo modrost v skrivnosti, tisto prikrito, ki jo je Bog pred veki vnaprej določil za naše veličastvo."*

Jezus Kristus, Božja modrost

Pismo Rimljanom 5:18-19 pravi: *„Kakor se je torej po prestopku enega človeka zgrnila obsodba na vse ljudi, tako tudi zaradi pravičnega dejanja enega prihaja na vse ljudi opravičenje, ki daje življenje. Kakor so namreč zaradi neposlušnosti enega človeka mnogi postali grešniki, tako bodo tudi zaradi poslušnosti Enega mnogi postali pravični."*

Tako kot so zaradi neposlušnosti enega moža vsi ljudje postali grešniki in stopili na pot pogube, tako bodo vsi postali pravični in prejeli odrešenje zaradi poslušnosti enega moža.

Bog je poslal Jezusa Kristusa za naše odrešenje in dovolil, da je bil križan in ponovno obujen. Od takrat naprej velja, da kdor veruje Vanj, bo rešen. V Prvem pismu Korinčanom 1:18 nam Bog sporoča: *„Beseda o križu je namreč za tiste, ki so na poti pogubljenja, norost; nam, ki smo na poti rešitve, pa je Božja moč."*

Nekaterim se zdi neumno, da bi bil Sin vsemogočnega Boga obsojen in umorjen s strani Njegovih lastnih bitij. Vendar ta

„neumen" Božji načrt je v resnici veliko modrejši od najmodrejšega človeškega načrta (1 Korinčanom 1:19-24). Sveto pismo izrecno navaja, da se noben človek ne bo opravičil pred Bogom z deli postave. Kljub temu pa je Bog odprl pot do odrešitve vsakomur, ki veruje v Jezusa Kristusa.

Plačilo za greh je smrt, zatorej nihče ne bi moral biti rešen, če Jezus ne bi umrl za naše grehe. Toda Jezus je bil križan za naše grehe in je z Božjo močjo tudi ponovno vstal. Tako je Bog pripravil pot in jo prikril za dlje časa, pa čeprav se to morda sliši nespametno.

Bog je skrivaje načrtoval Jezusa Kristusa in Njegovo križanje, kajti sovražnik hudič in satan bi gotovo skušal preprečiti odrešitev človeštva, če bi vedel za ta Njegov načrt. Hudič ne bi nikoli ubil Jezusa na križu, če bi se zavedal, da je Bog preko križa pripravil pot, skozi katero bodo človeku odpuščeni vsi grehi in bo rešen pred smrtjo, pri tem pa bo obnovljena tudi oblast, ki jo je Adam predal hudiču.

Ponovimo, kaj pravi Prvo pismo Korinčanom 2:7-8: *„Mi oznanjamo Božjo modrost v skrivnosti, tisto prikrito, ki jo je Bog pred veki vnaprej določil za naše veličastvo. Te ni spoznal noben mogočnik tega sveta. Kajti ko bi jo spoznali, Gospoda veličastva pač ne bi križali."*

Jezus je kvalificiran po zakonu

Tako kot vsaka pogodba vsebuje pogoje, tako tudi v duhovnem svetu velja pravilo, da mora biti odkupitelj kvalificiran, da lahko v skladu z zakonom o odkupu zemlje obnovi Adamovo izgubljeno oblast od hudiča.

Vzemimo na primer podjetnika, ki mu grozi stečaj, saj je zapadel v dolgove, ki jih ni sposoben odplačati. Če ima podjetnik premožnega brata, ki ga ljubi, bo ta nemudoma poravnal vse njegove dolgove.

Zaradi Adamovega padca smo vsi ljudje grešniki, zato potrebujemo odkupitelja, ki je kvalificiran, da nas očisti grehov. Kakšne kvalifikacije potem potrebuje odkupitelj? Zakaj Sveto pismo uči, da ima samo Jezus vse potrebne kvalifikacije?

Prvič – Odkupitelj mora biti človek

V Levitiku 25:25 piše: *"Če tvoj brat obuboža in mora prodati del svoje lastnine, naj pride njegov odkupitelj – to je najbližji sorodnik – in naj odkupi, kar njegov brat prodaja."* Zakon o odkupu zemlje pravi, da kadar človek obuboža in proda svojo lastnino, lahko njegov sorodnik to lastnino odkupi.

Prvi pismo Korinčanom 15:21-22 pravi: *"Ker je namreč po človeku smrt, je po človeku tudi vstajenje mrtvih. Kakor namreč v Adamu vsi umirajo, tako bodo v Kristusu tudi vsi oživljeni."* Prva kvalifikacija za odkupitelja, ki lahko obnovi Adamovo izgubljeno oblast, torej zahteva, da mora ta biti človek. To dejstvo lepo opisuje tudi Razodetje 5:1-5:

> *In v desnici Njega, ki je sedèl na prestolu, sem videl knjigo, popisano znotraj in zunaj in zapečateno s sedmimi pečati. Videl sem silnega angela, ki je klical z močnim glasom: "Kdo je vreden, da odpre knjigo in*

odtrga njene pečate?" Toda nihče ne v nebesih ne na zemlji ne pod zemljo ni mogel odpreti knjige ne pogledati vanjo. Silno sem jokal, ker se ni našel nihče, ki bi bil vreden, da odpre knjigo in pogleda vanjo. Tedaj mi je rekel eden izmed starešin: „Ne jokaj! Glej, zmagal je lev iz Judovega rodu, Davidova korenina, da bi odprl knjigo in njenih sedem pečatov."

„Knjiga, popisana znotraj in zunaj in zapečatena s sedmimi pečati" govori o dogovoru, ki sta ga sklenila Bog in hudič, ko se je Adam uprl Bogu in postal grešnik. Apostol Pavel ni uspel najti nikogar v nebesih, zemlji in niti pod zemljo, ki bi bil dovolj svet, da bi odprl knjigo in njenih sedem pečatov.

To pa zato, ker angeli v nebesih niso ljudje, Zemljani smo kot Adamovi potomci vsi grešniki, pod zemljo pa najdemo le zle duhove, ki pripadajo hudiču, ter mrtve duše, ki čakajo na vstop v pekel.

Tedaj je eden izmed starešin rekel Janezu: „Ne jokaj! Glej, zmagal je lev iz Judovega rodu, Davidova korenina, da bi odprl knjigo in njenih sedem pečatov." „Davidova korenina" se tukaj nanaša na Jezusa, ki je bil rojen kot potomec judovskega kralja Davida (Apostolska dela 13:22-23). Jezus potemtakem izpolnjuje prvi pogoj zakona o odkupu zemlje.

Nekateri pravijo: „Bog je absoluten. Jezus je Bog, kajti On je Sin Božji. Zagotovo ni človek." Toda ne pozabite, kaj pravi Janez 1:1: *„Beseda je bila Bog,"* in Janez 1:14: *„In Beseda je postala meso in se naselila med nami."* Bog, ki je bil Beseda, je postal meso in živel med nami na zemlji.

Jezus, čigar bistvo izvira iz Boga, je postal meso. V Svojem bistvu je bil Beseda in Božji Sin. V Njem sta bili božanskost in človeškost. Toda, bil je rojen in je odraščal v mesu kakor človek. Človeška zgodovina se deli na dva dela, ki ju ločuje čas Jezusovega rojstva: P.K., pred Kristusom, in A.D., po Kristusu. Že to dejstvo samo potrjuje, da je Jezus postal meso in prišel na to zemljo. Jezusovo rojstvo, vzgoja in križanje so tudi sestavni deli tega očitnega dejstva.

Jezus je potemtakem človek in je kvalificiran za našega Odkupitelja.

Drugič – Odkupitelj ne sme biti Adamov potomec

Zadolžena oseba ni sposobna poravnati dolga neke druge osebe. To lahko naredi le nekdo, ki sam nima dolgov in je pripravljen pomagati drugim. Na enak način pa mora biti tudi odkupitelj vsega človeštva neoporečen in nepokvarjen, da bi lahko odkupil človeštvo iz okovov greha. Adam je kot praoče vsega človeštva grešil, zato smo vsi njegovi potomci ravno tako grešniki in kot takšni nismo kvalificirani za odkupitelja vsega človeštva. Celo največji ljudje iz naše zgodovine ne morejo odgovarjati za grehe drugih ljudi.

Ali ima Jezus to kvalifikacijo?

Matej 1:18-21 lepo opisuje, kako je bil Jezus spočet od Svetega Duha, ne skozi združitev moškega in ženske:

Z rojstvom Jezusa Kristusa je bilo takóle: Njegova mati Marija je bila zaročena z Jožefom; in preden sta prišla skupaj, se je izkazalo, da je noseča – bila pa je noseča od Svetega Duha. Njen mož Jožef je bil pravičen in je ni hotel osramotiti, zato je sklenil, da jo bo skrivaj odslovil. Ko je to premišljeval, se mu je v sanjah prikazal Gospodov angel in rekel: „Jožef, Davidov sin, ne boj se vzeti k sebi Marije, svoje žene; kar je spočela, je namreč od Svetega Duha. Rodila bo sina in daj mu ime Jezus, kajti on bo svoje ljudstvo odrešil grehov."

Po genealogiji je bil Jezus potomec kralja Davida (Matej 1; Luka 3:23-37). Toda v resnici je bil spočet še preden je prišlo do združitve med Marijo in Jožefom. Zato ni podedoval grešne narave.

Vsi se namreč rodimo z izvirnim grehom, saj podedujemo grešno naravo od naših staršev. Povedano drugače, potem ko je Adam grešil, je svojo grešno naravo prenesel na vse svoje potomce. Ta grešna narava se še danes prenaša na vse ljudi in ta greh imenujemo „izvirni greh." Vsi Adamovi potomci smo torej grešniki in zato ne moremo nikogar rešiti.

Zato je Bog Oče za Svojega Sina Jezusa načrtoval spočetje od Svetega Duha v telesu device Marije. Na ta način je Jezus prišel na to zemljo kot človek, ki pa ni bil Adamov potomec.

Tretjič – Odkupitelj se mora znati upreti hudiču

Levitik 25:26-27 nas uči:

Če pa kdo nima odkupitelja, pa si sam opomore in pridobi, kolikor je za odkup potrebno, naj izračuna, koliko let je preteklo od prodaje, in naj preostanek povrne kupcu; potem pride zemlja spet njemu v last.

Pomeni, da mora biti odkupitelj sposoben odkupiti prodano zemljo. Siromak ni sposoben poravnati prijateljevega dolga, pa naj si to še tako želi. In ravno tako mora biti odkupitelj brez greha, da bi lahko rešil človeštvo vseh grehov. Brezgrešnost je namreč krepost v duhovnem svetu.

Odkupitelj mora znati premagati sovražnika hudiča in satana ter obnoviti Adamovo izgubljeno oblast. Pomeni, da mora biti odkupitelj brez izvirnega greha in brez svojih lastnih grehov. Samo brezgrešen odkupitelj lahko premaga hudiča in osvobodi človeštvo.

Ali je bil Jezus brezgrešen?

Jezus je bil brez izvirnega greha, saj je bil spočet od Svetega Duha. Odraščal je pod nadzorom bogaboječih staršev, zato je v celoti spoštoval Božji zakon in izpolnjeval z ljubeznijo. Osmi dan po rojstvu je bil obrezan (Luka 2:21). Nikoli ni storil greha in sledil je le volji Boga Očeta, vse dokler ni bil križan pri Svojih 33 letih (1 Peter 2:22-24, Hebrejcem 7:26).

Jezus bi lahko premagal hudiča in odkupil človeštvo, kajti bil je brez slehernega greha. O Njegovi „brezgrešnosti" pričajo tudi Njegova mogočna dela. Izganjal je demone, slepim povrnil vid, gluhim sluh, nemim govor ter ozdravil vse vrste neozdravljivih bolezni. In vstal je, zapretil vetru in rekel jezeru: „*Utihni!*

Molči!" In veter se je polegel in nastala je globoka tišina (Marko 4:39).

Četrtič – Odkupitelj mora posedovati žrtveno ljubezen

Še tako bogat človek ne bo odkupil zemlje, če ne bo čutil ljubezni do tistega, ki jo je bil primoran prodati. Ravno tako pa mora tudi odkupitelj ljubiti grešnike do te mere, da se je pripravljen žrtvovati, da bi enkrat za vselej odpravil vse težave, povezane z grehi.

V Ruti 4:1-6 se je Boaz dobro zavedal Naomijine revščine, zato je svetoval njenemu najbližjemu – odkupitelju, naj po želji odkupi to njeno zemljo. Toda možakar je predlog zavrnil, rekoč: *„Ne morem odkupiti zase, sicer oškodujem svojo dediščino. Odkupi ti zase, kar je moja kupna pravica, kajti jaz ne morem odkupiti"* (6. odlomek). Ruta je menila, da je možakar dovolj premožen, vendar pa ta kljub temu ni odkupil Naomijine zemlje. V sebi namreč ni imel žrtvene ljubezni. Nazadnje je zemljo odkupil Boaz, njen naslednji najbližji sorodnik, ki pa je v sebi nosil žrtveno ljubezen.

Boaz je tako postal zakoniti odkupitelj in se je zavoljo svojega dobrega dejanja nazadnje poročil z Ruto. Ruta je rodila sina, ki je postal dedek kralja Davida ter člen rodovne linije Jezusa Kristusa.

Jezus je bil križan v ljubezni. Bil je Beseda, a postal meso in prišel na to zemljo. Spočet je bil od Svetega Duha in tako ni bil

Adamov potomec. Rojen je bil brez izvirnega greha in tudi sicer je bil brez greha, zato je lahko odrešil človeštvo vseh grehov.

Vseeno pa brez duhovne in žrtvene ljubezni Jezus ne bi mogel postati Odkupitelj, četudi je imel preostale tri kvalifikacije. Da bi nas odrešil, je moral nase prevzeti kazen za vse naše grehe.

Trpeti je moral kot najhujši in najnevarnejši zločinec ter bil obešen na star lesen križ. Za nas je bil zaničevan in je prelil vso Svojo kri in vodo. Plačati je moral visoko ceno in opravil veliko žrtveno daritev.

Skozi zgodovino ne boste našli primera, kjer bi nedolžen princ umrl za svoje zlobne in nespametne ljudi. Jezus je eden in edini Sin vsemogočnega Boga, Kralj kraljev in Gospod gospodov. Tako velik, plemenit in nedolžen Jezus je bil obešen na križ in je prelival kri vse do Svoje smrti. Kako neizmerno veliko ljubezen je moral čutiti do nas?

Jezus je skozi Svoje življenje delal samo dobra dela. Grešnikom je odpuščal grehe, zdravil bolne, osvobodil številne ljudi pred demoni, odpiral vrata do miru, radosti in ljubezni, ter ljudem prinašal iskreno upanje po nebesih in odrešenju. Povrhu vsega pa je dal Svoje lastno življenje za grešnike.

Pismo Rimljanom 5:7-8 pravi: *„Težkó namreč, da bi kdo umiral za pravičnega: morda bi si kdo še upal umreti za dobrega. Bog pa izkazuje Svojo ljubezen do nas s tem, da je Kristus umrl za nas, ko smo bili še grešniki."* Bog Oče je poslal Svojega edinega Sina za nas, ki nismo niti pravični niti dobri, ter dovolil, da je bil obešen na križ in njem umrl. Na ta način je Bog izkazal Svojo veliko ljubezen.

Zato molim v imenu Gospoda, da bi vsi doumeli, da ste lahko

odrešeni samo v imenu Jezusa Kristusa in nikogar drugega; in da bi sprejeli Jezusa Kristusa ter tako postali Božji otroci, ki uživajo uspešno življenje ob zagotovilu za odrešenje!

5. poglavje

ZAKAJ JE JEZUS NAŠ EDINI ODREŠENIK?

- Božji načrt odrešenja skozi Jezusa Kristusa
- Zakaj je bil Jezus pribit na lesen križ?
- Ni drugega imena, kot je ime Jezusa Kristusa

Sporočilo Križa

„On je kamen, ki ste ga vi zidarji zavrgli, a je postal vogalni kamen. V nikomer drugem ni odrešenja; zakaj pod nebom ljudem ni dano nobeno drugo ime, po katerem naj bi se mi rešili."

Apostolska dela 4:11-12

Ko boste dojeli Njegovo globoko in skrbno previdnost pri vzgoji človeštva, takrat boste vzljubili Boga z vsem svojim srcem. Prav tako boste občudovali Njegovo ljubezen in modrost, ko boste spoznali Njegov načrt za naše odrešenje skozi Jezusa Kristusa.

Kako se je potem skozi Jezusa Kristusa izpolnil Božji načrt odrešenja, ki je obstajal že pred začetkom časa. Omenil sem že, da je Bog pravičnosti načrtoval poslati osebo, ki bo po duhovnem zakonu kvalificirana za odkupitev vsega človeštva, in da pod nebom ne obstaja nihče drug kot Jezus Kristus, ki izpolnjuje ta kriterij.

Jezus je edini, ki je bil človek, vendar ne Adamov potomec, saj je bil spočet od Svetega Duha in je v mesu prišel na to zemljo. Hkrati pa je imel tudi dovolj moči in ljubezni za odkup človeštva. S Svojo smrtjo na križu je odprl pot odrešenja za vse ljudi tega sveta.

Zato v Apostolskih delih 4:12 piše: „*V nikomer drugem ni odrešenja; zakaj pod nebom ljudem ni dano nobeno drugo ime, po katerem naj bi se mi rešili.*" Kdor bo sprejel in veroval v Jezusa Kristusa, bo oproščen vseh grehov in rešen. Iz teme bo stopil v luč ter kot Božji otrok prejel oblast in številne blagoslove.

Zdaj pa naj vam pojasnim, zakaj morate verovati v Jezusa, ki je sprejel križ, zato da bi vas rešil in da bi kot Božji otroci prejeli oblast in blagoslove.

Božji načrt odrešenja skozi Jezusa Kristusa

Bog je že pred začetkom časa pripravil pot do našega odrešenja. Knjiga Geneze govori o Jezusu ter o skrivnosti človeškega odrešenja preko križa.

Geneza 3:14-15 pravi:

> *GOSPOD Bog je rekel kači: "Ker si to storila, bodi prekleta med vso živino in vsemi poljskimi živalmi. Po trebuhu se boš plazila in prah jedla vse dni življenja. Sovraštvo bom naredil med teboj in ženo ter med tvojim zarodom in njenim zarodom. On bo prežal na tvojo glavo, ti pa boš prežala na njegovo peto."*

Kot že rečeno „kača" v duhovnem smislu predstavlja sovražnika hudiča, „hranjenje s prahom" pa ljudi, ki so bili narejeni iz zemeljskega prahu. „Žena" predstavlja Izrael, „njen zarod" pa se nanaša na Jezusa. Izraz „Ti [kača] boš prežala na njegovo peto" simbolizira Jezusovo križanje, „on [njen zarod] bo prežal na tvojo [kačjo] glavo" pa nakazuje, da bo Jezus s Svojim vstajenjem premagal sovražnika hudiča in satana.

Satan ni vedel za Božji načrt

Bog je prikril Svoj načrt odrešenja, zato da sovražnik hudič in satan ne bi doumel Njegove modrosti.

Preden je bil premagan, je sovražnik hudič in satan poskušal ubiti Jezusa še kot otroka. Verjel je, da bo lahko tako za vselej obdržal oblast, ki mu je bila predana od Adama, ko se je ta uprl Bogu. Ker pa ni poznal prave identitete ženinega zaroda, si je prizadeval pomoriti vse preroke, ki so bili ljubljeni od Boga.

Ob Mojzesovem rojstvu je sovražnik hudič in satan napeljal egiptovskega kralja faraona, da je pobil vse novorojene dečke, ki so jih rodile Hebrejke (Eksodus 1:15-22). Tudi ko je bil Jezus spočet od Svetega Duha in je kot človek prišel na zemljo, je sovražnik hudič in satan dal ponovno pobiti vse novorojene dečke, tokrat preko kralja Heroda.

Vendar Bog je vedel za načrt sovražnika satana. Jožefu se je v sanjah prikazal Gospodov angel in mu rekel, naj odpelje otroka in njegovo mater v Egipt, kjer je Bog družini omogočil lepo življenje vse do smrti kralja Heroda.

Bog je dopustil Jezusovo križanje

Jezus je odraščal pod Božjo zaščito in pri svojih 30 letih začel z javnim delovanjem. Hodil je po vsej Galileji, učil po njihovih shodnicah in oznanjal evangelij kraljestva. Ozdravljal je vsakovrstne bolezni in vsakovrstne slabosti med ljudstvom (Matej 4:23, 11:5).

Sovražnik hudič in satan je medtem načrtoval, kako bi preko velikih duhovnikov, pismoukov in farizejev umoril Jezusa. Vendar pa, kot nas uči Sveto pismo, se hudobneži Jezusa niso uspeli niti dotakniti, saj je vso Njegovo življenje potekalo pod popolnim nadzorom Božje previdnosti.

Šele po treh letih Njegovega delovanja je Bog dopustil sovražniku hudiču in satanu križati Jezusa. Tako je Jezus nosil trnovo krono in umrl na križu, pri tem pa veliko pretrpel, saj so mu pribili obe zapestji in obe stopali.

Križanje je najbolj krut način usmrtitve in sovražnik hudič je bil nadvse zadovoljen, potem ko je na ta način pokončal Jezusa. Satan se je zmagoslavno radoval, kajti mislil je, da bo lahko vladal vsemu svetu, saj ne bo nikogar, ki bi ga onemogočal. Toda v ozadju se je skrivala skrivnostna Božja previdnost.

Sovražnik hudič in satan je prekršil duhovni zakon

Bog je pravičen, zato nikoli ne zlorabi Svoje absolutne moči. Že pred začetkom časa je po duhovnem zakonu za nas pripravil pot odrešenja, kajti On vedno deluje v skladu z duhovnim zakonom.

Ker pa je po duhovnem zakonu plačilo za greh smrt (Rimljanom 6:23), noben brezgrešnik ne bo umrl. Vseeno pa je sovražnik hudič in satan dal križati Jezusa, ki je bil brez krivde in brez madeža (1 Peter 2:22-23). Sovražnik hudič je s tem prekršil duhovni zakon in se ujel v svojo lastno zvijačo. Postal je orodje za odrešenje človeštva, ki ga je načrtoval Bog. Kot je prerokovano v Genezi, je ženin zarod (Jezus Kristus) strl njegovo glavo.

Običajno se kača še naprej upira, kadar ji stopimo na rep ali odrežemo telo. Ukrotimo jo šele takrat, ko jo tesno primemo za glavo. „Sovraštvo bom naredil med teboj in ženo ter med tvojim zarodom in njenim zarodom. On bo prežal na tvojo glavo, ti pa boš prežala na njegovo peto" v duhovnem smislu pomeni, da bo zaradi Jezusa Kristusa sovražnik satan izgubil svojo moč in oblast. Napad kače na peto ženinega zaroda pa govori o tem, da bo satan dal križati Jezusa, kar se je nazadnje tudi uresničilo, kot je bilo prerokovano v Genezi 3:15.

Odrešenje skozi Jezusovo križanje

Ko je Jezus tretji dan po križanju vstal od mrtvih, se je s tem odprla pot odrešenja, ki jo je Bog prikril še pred začetkom časa.

Pred okoli 6.000 leti je moral Adam predati svojo od Boga dano oblast sovražniku hudiču, potem ko je zaradi svoje neposlušnosti prekršil zakon duhovnega sveta (Luka 4:6). Vendar 4.000 let zatem je tudi satan prekršil duhovni zakon in moral na pot uničenja.

Sovražnik hudič je posledično moral spustiti vse tiste, ki so sprejeli Jezusa za svojega Odrešenika in so verovali v Njegovo ime. Ti ljudje so tako pridobili pravico postati Božji otroci. Ali bi sovražnik hudič dal križati Jezusa, če bi se zavedal te Božje modrosti? Nikakor ne! Prvo pismo Korinčanom 2:8 nas opominja: *„Te modrosti ni spoznal noben mogočnik tega sveta. Kajti ko bi jo spoznali, Gospoda veličastva pač ne bi križali."*

Tisti, ki ne razumejo tega dejstva, se morda sprašujejo: „Zakaj vsemogočni Bog ni obvaroval Svojega Sina pred smrtjo? Zakaj mu je dovolil umreti na križu?" Vendar če natančno razumete modrost križa, boste vedeli, zakaj je Jezus moral biti križan ter kako je postal Kralj kraljev in Gospod gospodov, potem ko je zmagoslavno premagal sovražnika hudiča. Temu sledi, da kdor veruje, da je Jezus Kristus naš Odrešenik, ki je umrl na križu in tretji dan od mrtvih vstal, da bi očistil človeštvo vseh grehov, ta bo opravičen in rešen.

Zakaj je bil Jezus pribit na lesen križ?

Zakaj je moral biti Jezus pribit na križ? Zakaj ravno na lesen križ? Izmed vseh različnih metod usmrtitve je Jezus umrl ravno na lesenem križu. Sodeč po pismu Galačanom 3:13-14, za to obstajajo trije duhovni razlogi.

Prvi razlog – Da bi nas odkupil od prekletstva postave

Pismo Galačanom 3:13 pravi: „*Kristus pa nas je odkupil od prekletstva postave tako, da je za nas postal prekletstvo. Pisano je namreč: ‚Preklet je vsak, kdor visi na lesu.'*" Ta odlomek lepo pojasnjuje, da nas je Jezus s Svojim žrtvovanjem na križu odkupil od prekletstva postave.

Zaradi Adamove neposlušnosti so bili namreč vsi ljudje prekleti in usojeno jim je bilo stopiti na pot pogube, kakor piše v pismu Rimljanom 6:23: „*Plačilo za greh je namreč smrt.*" Toda Bog je dal Svojega Sina Jezusa za človeštvo in dovolil, da je bil pribit na lesen križ, s čimer nas je odkupil od prekletstva postave (Devteronomij 21:23).

Povrhu vsega je Jezus na križu prelil Svojo dragoceno kri. Poglejmo si odlomka 11 in 14 iz 17. poglavja Levitika:

> *Kajti življenje mesa je v krvi in dal sem vam jo za oltar, da opravite spravo za svoje življenje, kajti kri opravi spravo za življenje* (11. odlomek).
>
> *Življenje vsega mesa je namreč njegova kri v njegovi duši* (14. odlomek).

Avtor Levitika pravi, da je življenje kri, kajti vsako bitje potrebuje kri za svoje preživetje.

Vendar po smrti se meso ponovno spremeni v prah, duša pa potuje v nebesa oziroma pekel. Da bi prejeli večno življenje, vam morajo biti odpuščeni vsi grehi. Toda teh se lahko očistite samo s prelivanjem krvi, kot to narekuje pismo Hebrejcem 9:22: „*In po postavi se skoraj vse očiščuje s krvjo in brez krvi ni odpuščanja.*" Iz tega razloga so ljudje v času Stare zaveze darovali živalsko kri za svoje grehe. Jezus pa je — medtem ko Sam ni imel ne lastnega in ne izvirnega greha — enkrat za vselej prelil svojo dragoceno kri, zato da bi bilo ljudem odpuščeno in bi prejeli večno življenje.

In tako lahko zavoljo dragocene Jezusove krvi tudi vi prejmete večno življenje. Jezus je umrl namesto nas ter nam vsem odprl pot, po kateri lahko postanemo Božji otroci.

Drugi razlog – Da bi dal Abrahamov blagoslov

Prvi del odlomka pisma Galačanom 3:14 pravi: „*To se je zgodilo zato, da bi Abrahamov blagoslov prešel v Kristusu Jezusu k poganom.*" To pomeni, da Bog daje Abrahamov blagoslov ne samo Izraelcem, pač pa vsem poganom, ki so bili opravičeni, potem ko so sprejeli Jezusa za svojega Odrešenika.

Abrahama so imenovali „oče vere" in „Božji prijatelj." Blagoslovljen je bil z otroci, zdravjem, dolgim življenjem, bogastvom itd. Geneza 22:15-18 nam pojasnjuje, zakaj je bil Abraham tako obilno blagoslovljen:

> *GOSPODOV angel je drugič poklical Abrahama iz nebes in rekel: „Prisegel Sem pri Sebi, govori GOSPOD: Ker si to storil in nisi odrekel svojega sina, svojega edinca, te Bom zares obilno blagoslovil in silno namnožil tvoje potomstvo, kakor zvezde na nebu in kakor pesek, ki je na morskem bregu. Tvoji potomci bodo vzeli v posest vrata svojih sovražnikov in s tvojimi potomci se bodo blagoslavljali vsi narodi na zemlji, ker si poslušal Moj glas."*

Abraham je ubogal, ko mu je Bog rekel: „*Pojdi iz svoje dežele, iz svoje rodbine in iz hiše svojega očeta v deželo, ki ti jo Bom pokazal*" (Geneza 12:1). Prav tako je brezpogojno ubogal, ko je Bog rekel: „*Vzemi svojega sina, svojega edinca, ki ga ljubiš, Izaka, in pojdi v deželo Morija! Tam ga daruj v žgalno daritev na gori, ki ti jo Bom pokazal!*" (Geneza 22:2) Abraham je vse to zmogel, kajti zaupal je Bogu, ki obuja od mrtvih (Hebrejcem 11:19). Zaradi svoje neomajne vere je postal blagoslov in oče vere.

Vsi Božji otroci, ki sprejemajo Jezusa za svojega Odrešenika, bi morali imeti Abrahamovo vero. Le tako boste namreč deležni zemeljskih blagoslovov in boste znali slaviti Boga.

Tretji razlog – Da bi dal obljubo Duha

Drugi del odlomka pisma Galačanom 3:14 pravi: *"In da bi mi po veri prejeli obljubo Duha."* To pomeni, da bo vsak, ki veruje, da je Jezus umrl na lesenem križu za vse človeštvo, opravičen prekletstva postave in bo prejel obljubo Duha. Poleg tega bo vsak, ki sprejema Jezusa za svojega Odrešenika, kot darilo prejel moč Božjega otroka in Svetega Duha (Janez 1:12, Rimljanom 8:16).

Ko prejmete Svetega Duha, takrat boste lahko Boga klicali *"Aba, Oče"* (Rimljanom 8:15), vaše ime bo zapisano v nebesih (Luka 10:20), in postali boste državljani nebes (Filipljanom 3:20). Sveti Duh, ki je srce Božje moči, vas bo popeljal do večnega življenja, tako da vam bo pomagal razumeti in z vero živeti v skladu z Božjo besedo.

Vendar rešeni boste šele takrat, ko boste ne samo sprejeli Jezusa za svojega Odrešenika, temveč v srcu verovali, da je Jezus premagal smrtonosno oblast in vstal od mrtvih. Kot piše v pismu Rimljanom 10:9: *"Kajti če boš s svojimi usti priznal, da je Jezus Gospod, in boš v svojem srcu veroval, da ga je Bog obudil od mrtvih, boš rešen."*

Bog je pred začetkom časa zasnoval velik načrt, po katerem bomo vsi tisti, ki verujemo v Jezusa Odrešenika, živeli združeni z Bogom in stopali na pot odrešenja. Ta načrt je čudovit in skrivnosten. Zaradi greha prvega človeka so bili po zakonu duhovnega sveta vsi ljudje usmerjeni na pot pogube, kajti plačilo za greh je namreč smrt. Toda ko je tudi satan prekršil ta isti zakon, so se lahko z vero odkupili od prekletstva postave in prejeli odrešenje.

Ljudje so pretrpeli veliko bolečine in stiske, ki ju je povzročil hudič, potem ko so zaradi neposlušnosti postali sužnji greha. Toda kdor sprejme Jezusa za svojega Odrešenika in prejme Svetega Duha, ta bo lahko dosegel odrešenje, večno življenje, vstajenje ter zvrhano mero blagoslovov.

Božji otroci uživajo čast in blagor

Kdor odpre svoje srce in sprejme Jezusa Kristusa, temu bo odpuščeno, pridobil bo pravico postati Božji otrok in njegovo srce bosta prevzela mir in radost. To nam je omogočil Jezus, potem ko je na križu prevzel vse naše grehe. V Psalmih 103:12 piše: *„Kakor je vzhod oddaljen od zahoda, oddaljuje od nas naša hudodelstva."* Pismo Hebrejcem 10:16-18 pa dodaja: *„To je zaveza, ki jo bom sklenil z njimi po tistih dneh, govori Gospod: ‚Svoje postave Bom dal v njihova srca, v njihov razum jih Bom zapisal, in njihovih grehov in njihovih nepostavnosti se ne Bom več spominjal.' Kjer pa je vse to odpuščeno, ni več daritve za grehe."*

Nič na tem svetu se ne more primerjati s pravico Božjih otrok, ki se daje po veri. Že otroci kralja ali predsednika imajo veliko pravico. Kako mogočno pravico morajo imeti šele otroci Boga Stvarnika, ki vlada svetu ter vodi zgodovino človeštva in vesolja?

Kadar zgolj trdite, da je Jezus naš Odrešenik, Bog tega ne

smatra za iskreno vero. Vedeti morate, kdo je Jezus Kristus in zakaj je On vaš edini Odrešenik. Samo na osnovi tega znanja boste lahko pridobili iskreno vero. Samo s to vero boste lahko spoznali skrivnostno Božjo previdnost, ki jo skriva križ, in priznali: „Gospod je Kristus in Sin živega Boga." Prav tako boste lahko živeli v skladu z Božjo voljo. Po drugi strani pa je brez iskrene vere zelo težko verovati s srcem ter živeti po Božji besedi.

Ravno zato nam Jezus v Mateju 7:21 sporoča: *„Ne pojde v nebeško kraljestvo vsak, kdor Mi pravi: ‚Gospod, Gospod,' ampak kdor uresničuje voljo Mojega Očeta, ki je v nebesih."* Jezus je izrecno poudaril, da bodo rešeni le tisti, ki Ga kličejo „Gospod, Gospod" ter hkrati živijo po Božji volji in besedi.

Ni drugega imena, kot je ime Jezusa Kristusa

Četrto poglavje Apostolskih opisuje prizor, v katerem Peter in Janez pogumno pričujeta o Jezusu Kristusu pred velikim zborom. Iskreno sta namreč verjela, da razen Jezusa Kristusa ni nobenega drugega imena, v katerem bi se ljudje lahko rešili. In tako je Peter, napolnjen s Svetim Duhom, navdihnjeno izjavil: *„V nikomer drugem ni odrešenja; zakaj pod nebom ljudem ni dano nobeno drugo ime, po katerem naj bi se mi rešili"* (Apostolska dela 4:12).

Kakšne duhovne implikacije se skrivajo v imenu „Jezus Kristus"? In zakaj nam Bog ni dal nobenega drugega imena, s katerim bi se ljudje lahko rešili?

Razlika med „Jezusom" in „Jezusom Kristusom"

Apostolska dela 16:31 nas učijo: *„Veruj v Gospoda Jezusa in rešen boš ti in tvoja hiša!"* Obstaja pa pomemben razlog, zakaj piše „Gospoda Jezusa" in ne zgolj „Jezusa."

„Jezus" se tukaj nanaša na človeka, ki bo rešil Svoje ljudstvo pred grehi. „Kristus" je grška beseda, ki pomeni „Mesija." Gre za „maziljenca" (Apostolska dela 4:27), Odrešenika, ki je Posrednik med Bogom in ljudmi. „Jezus" je torej ime bodočega odrešenika, „Kristus" pa ime Odrešenika, ki je že rešil Svoje ljudi.

V času Stare zaveze je Bog mazilil Savla za kralja, duhovnika in preroka, in sicer tako, da je izlil olje na njegovo glavo (Levitik 4:3; 1 Samuel 10:1; 1 Kralji 19:16). Olje simbolizira Svetega Duha, maziljenje pa potemtakem pomeni, da od Boga izbrana oseba prejme Svetega Duha.

Jezus je bil maziljen za kralja, velikega duhovnika in preroka. V mesu je prišel na ta svet, da bi rešil vse ljudi po Božji previdnosti, ki je bila začrtana še pred začetkom časa. Bil je križan za naše grehe in postal naš Odrešenik, potem ko je tretji dan od mrtvih vstal. Jezus je torej Odrešenik, ki je izpolnil Božji načrt odrešenja. Jezus je Kristus.

Jezusa iz obdobja pred križanjem imenujemo zgolj „Jezus." Po križanju in vstajenju pa ga moramo imenovati „Jezus Kristus", „Gospod Jezus" ali „Gospod."

Zavedati se morate ogromne razlike moči med „Jezusom" in „Jezusom Kristusom." Jezus je ime, ki Mu je pripadalo, preden Je izpolnil Božji načrt odrešenja, in sovražnik hudič ne trepeta pred tem imenom. „Jezus Kristus" pa po drugi strani pomeni troje: kri, ki nas je očistila grehov; vstajenje, ki je premagalo smrtonosno oblast; ter večno življenje. Hkrati pa je to ime, pred katerim sovražnik hudič trepeta od strahu.

Mnogi ljudje zanemarjajo to dejstvo, saj ne razumejo razlike med imenoma. Pri tem pa drži tudi to, da se Božja dela in odgovori razlikujejo v odvisnosti od imena, ki ga kličemo (Apostolska dela 3:6).

Kadar molite k Bogu v imenu našega Gospoda Jezusa Kristusa in se hkrati zavedate omenjene razlike, boste živeli zmagovito življenje, polno uslišanih prošenj s strani vsemogočnega Boga.

Jezusova popolna poslušnost

Čeprav je bil Jezus po naravi Bog, se ni oklepal Svoje enakosti z Bogom, kot tudi ne pravic, ki jih Je imel kot Bog. Sam je Sebe izpraznil in zavzel skromen položaj služabnika v človeški obliki.

Dober služabnik nima svoje lastne svobodne volje, temveč se podredi volji svojega gospodarja. Po dolžnosti se mora uklanjati gospodarjevi volji, pa naj bo ta skladna ali neskladna z njegovo lastno voljo. Jezus je kot dober služabnik z vsem srcem sledil Božji volji, zato da bi izpolnil Svoje poslanstvo in odrešil človeštvo.

Bog je povzdignil Jezusa, ki je bil vdan v Božjo voljo in je odgovarjal samo z „da" in „amen", ter Mu tako omogočil, da so Ga množice priznavale kot Gospoda.

Zato Ga je Bog povzdignil nad vse in Mu podaril

ime, ki je nad vsakim imenom, da se v Jezusovem imenu pripogne vsako koleno bitij v nebesih, na zemlji in pod zemljo in da vsak jezik izpove, da je Jezus Kristus Gospod, v slavo Boga Očeta (Filipljanom 2:9-11).

Ime „Gospod Jezus" priča o Božji moči

Janez 1:3 pravi: *„Vse je nastalo po Njej in brez Nje ni nastalo nič, kar je nastalo."* Vse na tem svetu je bilo ustvarjeno skozi Jezusa, zato ima Jezus kot Stvarnik oblast vladanja nad vsem ustvarjenim. Ko je Jezus, Sin Boga Stvarnika, zapovedal, so se pokorile in polegle nežive stvari, kot so veter in valovi, in ko Je preklel smokvino drevo, se je le-to posušilo.

Jezus je imel oblast odpustiti grehe in grešnike rešiti pred kaznijo za njihove grehe. V Mateju 9:2 Jezus reče hromemu: *„Bodi pogumen, otrok, odpuščeni so ti grehi,"* v 6. odlomku pa: *„,Ampak da boste vedeli, da ima Sin človekov oblast na zemlji odpuščati grehe.' Tedaj je rekel hromemu: ,Vstani, vzemi svojo posteljo in pojdi domov.'"*

Poleg tega je imel Jezus moč zdraviti različne bolezni in invalidnosti, kot tudi oživljati mrtve. 11. poglavje Janezovega evangelija opisuje prizor, v katerem je Lazar stopil iz grobnice z nogami in rokami povezanimi s povoji, potem ko je Jezus zaklical z močnim glasom: „Lazar, pridi ven!" Mrtev je bil že polne štiri dni in je že imel zadah, vendar je iz grobnice prišel kot povsem zdrav človek.

Ravno tako Jezus tudi vam podarja vse, za kar molite in

prosite v veri, kajti On ima čudovito Božjo moč.

Jezus Kristus, Božja ljubezen

Kot piše v Prvem Janezovem pismu 4:10: *"Ljubezen je v tem – ne v tem, da bi bili mi vzljubili Boga. On nas je vzljubil in poslal Svojega Sina v spravno daritev za naše grehe,"* je Bog pokazal Svojo veliko ljubezen do nas. Poslal je Svojega edinega Sina kot spravno daritev za naše grehe. Bog je prestal veliko bolečine, ko je bil Njegov Sin pribit na križ in je prelival kri, zato da bi odprl pot za naše odrešenje. Kako se je moral počutiti ljubeči Bog, ko Je spremljal križanje Svojega edinega Sina? Bilo Mu je tako hudo, da ni mogel sedeti na Svojem prestolu. Matej 27:51-54 nam lepo opisuje to Njegovo bolečino:

> *In glej, zagrinjalo v templju se je pretrgalo na dvoje od vrha do tal. Zemlja se je stresla in skale so se razpočile. Grobovi so se odprli in veliko teles svetih, ki so zaspali, je bilo obujenih. Po Njegovi obuditvi so šli iz grobov in prišli v sveto mesto ter se prikazali mnogim. Ko so stotnik in ti, ki so z njim stražili Jezusa, videli potres in kar se je zgodilo, so se silno prestrašili in govorili: "Resnično, Ta je bil Božji Sin!"*

To nam jasno dokazuje, da Jezus ni bil križan zaradi Svojih grehov, temveč zaradi velike ljubezni Boga, ki Je želel vse ljudi popeljati na pot odrešenja. Vseeno pa danes mnogi ne sprejemajo oziroma ne razumejo te čudovite Božje ljubezni.

Potem ko je Adam grešil, so bili ljudje speljani proč od Boga in so postali sužnji grešne narave. Toda na svet je prišel Jezus in postal Posrednik med Bogom in nami, zato da bi nam vsem prinesel Emanuelove blagoslove (Matej 1:23). Jezusova bolečina in trpljenje na križu nam prinašata mir in počitek.

Zato iskreno upam, da se zavedate te velike ljubezni Boga, ki je dal Svojega edinega Sina kot odkupnino za naše grehe in večno smrt; ter žrtvene ljubezni Gospoda, ki je — četudi Je bil nedolžen — za nas sprejel križ in odprl vrata odrešenja.

6. poglavje

MODROST KRIŽA

- Rojen v pastirski staji in položen v jasli
- Jezusovo življenje v revščini
- Bil je bičan in prelil je Svojo kri
- Nosil je krono iz trnja
- Jezusova oblačila in suknja
- Skozi dlani in stopala je bil pribit na križ
- Niso strli Njegovih nog,
  a prebodli Njegovo stran

Sporočilo Križa

„*V resnici Je nosil naše bolezni, naložil si Je naše bolečine, mi pa smo Ga imeli za zadetega, udarjenega od Boga in poniženega. On pa Je bil ranjen zaradi naših prestopkov, strt zaradi naših krivd. Kazen za naš mir je padla Nanj, po Njegovih ranah smo bili ozdravljeni. Mi vsi smo tavali kakor ovce, obrnili smo se vsak na svojo pot, GOSPOD pa je naložil nanj krivdo nas vseh.*"

Izaija 53:4-6

Najpomembnejši del Božjega načrta pridobitve pravih otrok je seveda Jezus, ki Je kot človek stopil na to zemljo, izkusil različne vrste trpljenja ter umrl na križu. Tako je Jezus odprl vrata odrešenja za vse ljudi.

Božja modrost križa ima globok duhovni pomen. Jezus, eden in edini Božji Sin, Je zapustil nebeško slavo, se rodil v pastirski staji ter vso Svoje življenje živel v revščini.

Poleg tega Je bil bičan, pribit na križ skozi dlani in stopala, nosil trnovo krono ter prelil vso Svojo kri in vodo, potem ko Mu je eden izmed vojakov s sulico prebodel stran. Vsak kanček Jezusovega trpljenja vsebuje neizmerno Božjo ljubezen.

Ko boste v celoti razumeli duhovni pomen Jezusovega trpljenja in križa, takrat bo vaše srce zagotovo ganjeno nad Božjo ljubeznijo in pridobili boste iskreno vero. Prav tako boste lahko prejeli odgovore na vse vaše življenjske težave, kot so revščina in bolezen, ter si zagotovili vstop v večno nebeško kraljestvo.

Rojen v pastirski staji in položen v jasli

Jezus, ki Je po naravi Bog, je bil najveličastnejše bitje ter gospodar vsega v nebesih in tudi na zemlji. Kljub temu pa Je v mesu prišel na ta svet, da bi vse ljudi odkupil grehov in nam pomagal do odrešenja.

Jezus je eden in edini Sin vsemogočnega Boga Stvarnika. Vendar zakaj potem ni bil rojen na kakšnem razkošnem kraju ali vsaj v udobni sobi? Ali Mu Bog res ni mogel nameniti bolj čudovitega kraja? Zakaj je moral biti Jezus rojen v pastirski staji in položen v jasli?

V tem se skriva globok duhovni pomen. Vedeti morate, da je bil v duhovnem oziru Jezus rojen na najbolj veličasten način. Četudi ljudje tega niso videli s svojimi fizičnimi očmi, pa je bil Bog z Jezusovim rojstvom tako zadovoljen, da Je deteta Jezusa obsijal z lučmi slave vpričo množice nebeške vojske in angelov. V Luku 2:14 je moč čutiti to Njegovo navdušenje: „*Slava Bogu na višavah in na zemlji mir ljudem, ki so Mu po volji.*" Bog je k jaslicam poklical tudi dobre pastirje in modre z Vzhoda, ki so naposled padli pred dete Jezusa in Ga počastili.

Vso slavljenje in čaščenje je bilo zato, ker se je govorilo, da bo Jezus s Svojim prihodom na ta svet odprl vrata odrešenja in številnim ljudem omogočil vstopiti v večna nebesa, hkrati pa bo postal Kralj kraljev in Gospod gospodov.

Božja previdnost, ki se skriva v Jezusovem rojstvu

Ob Jezusovem rojstvu je cesar Avgust izdal odlok za popis prebivalstva po vsem rimskem cesarstvu. Judje so bili pod kolonialno oblastjo Rima, zato so se na cesarjev ukaz nemudoma odpravili v svoje mesto, da bi se tam popisali.

Ker je bil Jožef Davidov potomec, je tako tudi on, skupaj s svojo zaročenko Marijo, odšel iz Nazareta v Betlehem. Marija je bila že pred odhodom noseča od Svetega Duha in je ravno med bivanjem v Betlehemu rodila njunega prvorojenca Jezusa.

Ime „Betlehem" pomeni „Hiša kruha" in predstavlja rojstni kraj kralja Davida (1 Samuel 16:1). Mihej 5:1 z naslednjimi besedami opisuje mesto Betlehem: „*Ti pa, Betlehem Efráta, si premajhen, da bi bil med Judovimi tisočnijami: iz tebe Mi pride Tisti, ki bo vladal v Izraelu, Njegovi izviri so od nekdaj, iz davnih dni.*" Betlehem je bil obljubljen kot rojstni kraj Mesije.

Tisti čas v prenočišču ni bilo prostora za Marijo in Jožefa, saj se je nad Betlehem zgrnilo tisoče ljudi, ki so prišli, da bi se popisali. Tako je Marija nazadnje Jezusa rodila kar v staji. Skrbno ga je povila v plenice in ga položila v jasli, ki so bile narejene iz dolgega krmilnika, sicer namenjenega za krmljenje živali.

Zakaj je bil torej Jezus, ki je prišel kot Odrešenik vseh narodov, rojen na tako skromen način?

Da bi odrešil živalim podobne ljudi

Pridigar 3:18 pravi: „*Rekel sem v svojem srcu: S človeškimi otroki je tako, da jih Bog preizkuša in jim pokaže, da so sami zase živina.*" Ljudje, ki so v sebi izgubili Božjo podobo, so v Božjih očeh kot živali. Prvi človek Adam je bil prvotno živo bitje, ustvarjeno po Božji podobi. Hkrati je bil tudi duhovni človek, saj ga je Bog hranil z besedo resnice.

Vendar Adam je prekršil Božjo prepoved in pojedel sadež z drevesa spoznanja dobrega in hudega, zato je njegov duh umrl in izgubil je stik z Bogom. Prav tako je prenehal biti gospodar vsega. Satan je hujskal Adama k uporu in tako se je njegovo čisto in zvesto srce spremenilo v nečisto in nezvesto srce.

V življenju ste gotovo že večkrat slišali izraz „ta človek ni nič boljši od živali." Predvsem v medijih pogosto slišimo o takšnih ljudeh, ki za svojo lastno korist varajo in goljufajo svoje sosede, potrošnike, prijatelje in družinske člane. Nekateri starši in otroci se sovražijo in so se pripravljeni celo pobiti med sabo.

Ljudje se zatekajo k zlobnim dejanjem, vse odkar je po smrti duha duša postala gospodar človeškega telesa in so ljudje zaradi svojih grehov izgubili Božjo podobo. Ti ljudje, ki so kot živali zgrajeni samo iz duše in telesa, ne morejo vstopiti v nebesa, kot tudi ne morejo Boga klicati Aba, Oče. Jezus je bil rojen v pastirski staji, da bi odrešil ljudi, ki niso nič boljši od živali.

Jezus je pristna duhovna hrana

Jezus je bil položen v jasli oziroma v krmilnik za konje, zato da bi postal živi kruh za ljudi, ki niso nič boljši od živali (Janez 6:51).

Ali z drugimi besedami, šlo je za božansko previdnost, da bi človek dosegel popolno odrešenje, potem ko bi si povrnil izgubljeno Božjo podobo in začel izpolnjevati vse svoje dolžnosti. Toda kaj sploh zajemajo človekove dolžnosti? Odgovor najdemo v Pridigarju 12:13-14:

> *Končna beseda po vsem, kar si slišal: Boj se Boga in izpolnjuj Njegove zapovedi, kajti to je za človeka vse! Bog namreč pripelje pred sodbo vsako dejanje, tudi vsako zakrito, naj bo dobro ali húdo.*

Kaj pomeni, da se moramo bati Boga? Pregovori 8:13 nas učijo, da *"strah GOSPODOV sovraži hudobijo."* Kadar torej čutimo strah pred Bogom, bomo prenehali sprejemati zlo in očistili obstoječe zlo znotraj našega srca.

Če se resnično bojite Boga, potem se boste vzdržali vseh oblik zla in se do krvi uprli zoper greha. Tako kot se študentje pridno učijo, da bi si zagotovili boljšo prihodnost, tako bi se morali vi nadvse bati Boga in izpolnjevati vse svoje dolžnosti, zato da boste uživali Božjo ljubezen in blagoslov.

V Svetem pismu najdemo veliko primerov, ko Bog ukaže Svojim otrokom, naj „naredijo to; ne počno tega; izpolnjujejo to; se otresejo tega." Po eni strani nam Bog govori, da moramo kot Božji otroci moliti, ljubiti, hvaliti in tako naprej, po drugi strani pa nam zapoveduje, naj se vzdržimo negativnih lastnosti kot so sovraštvo, prešuštvo, vinjenost, skratka vsega, kar vodi v smrt.

Prav tako nas uči upoštevati določene zapovedi, kot so „posvečuj Gospodov dan", „izpolnjuj svoje obljube" in druge. Spodbuja nas tudi, naj se otresemo škodoželja, rekoč: „Odpravi vse oblike zla", „vzdrži se pohlepa" in tako naprej.

Človekova dolžnost je torej, da se boji Boga in upošteva Njegove zapovedi. Na sodni dan bomo namreč odgovarjali pred Bogom za vsa naša dejanja, pa naj bodo dobra ali slaba. Če torej živite kot žival, ne da bi izpolnjevali svoje dolžnosti, potem je pričakovati, da boste po Božji sodbi padli naravnost v pekel.

In ravno iz tega razloga je bil Jezus rojen v pastirski staji, da bi odrešil ljudi, ki niso nič boljši od živali, in da bi postal duhovna hrana zanje.

Jezusovo življenje v revščini

Janez 3:35 pravi: *„Oče ljubi Sina in Mu je vse dal v roko."* Pismo Kološanom 1:16 pa dodaja: *„Kajti v Njem je bilo ustvarjeno vse, kar je v nebesih in kar je na zemlji, vidne in nevidne stvari, tako prestoli kakor gospostva, tako vladarstva kakor oblasti. Vse je bilo ustvarjeno po Njem in Zanj."* Povedano drugače, Jezus je edini Sin Boga Stvarnika in Gospodar vsega v nebesih in na zemlji.

Toda zakaj Je potem prišel na to zemljo v tako skromnem stanju in vse življenje živel v revščini, ko pa Je bil po naravi vsemogočni Bog in v vseh pogledih izredno bogat?

Da bi rešil ljudi pred revščino

Drugo pismo Korinčanom 8:9 pravi: *„Saj vendar poznate milost našega Gospoda Jezusa Kristusa! Bogat je bil, pa Je zaradi vas postal ubog, da bi vi obogateli po Njegovem uboštvu."* V tem stavku se nam razodeva čudovita Božja ljubezen. Jezus se je — čeprav Je bil Kralj kraljev, Gospod gospodov ter edini Sin Boga Stvarnika — odpovedal vsej nebeški slavi, prišel na ta svet, živel v revščini ter prenašal trpinčenje in prezir, zato da bi rešil ljudi pred revščino.

V začetku je Bog ustvaril človeka, da bi ta jedel sadove zemlje brez potu in užival bogato življenje brez trdega garanja. Odkar pa je prvi človek Adam prekršil Božjo prepoved in postal pokvarjen, je človek lahko jedel samo hrano, ki jo je pridelal s trdim garanjem in s potom na obrazu. In ravno to je razlog, zakaj danes veliko ljudi živi v pomanjkanju in revščini.

Revščina sama ni greh, zato Jezus ni prelival Svoje krvi, da bi nas rešil pred njo. Revščina je prekletstvo, ki je prišlo nad ljudi zaradi Adamove neposlušnosti, in Jezus je živel v revščini, zato da bi vi lahko uživali v bogastvu.

Nekateri menijo, da se Jezusova revščina nanaša na duhovno revščino. Vendar ker je bil Jezus spočet od Svetega Duha in Je eno z Bogom Očetom, je napačno misliti, da je bil Jezus duhovno obubožan.

Zavedati se morate dejstva, da je Jezus vodil revno življenje zato, da bi vas rešil pred revščino in bi živeli bogato življenje, hvaležni za Božjo ljubezen in milost.

Nekateri pravijo, da je narobe moliti za denar, oziroma da bi morali vsi kristjani živeti v revščini. Vendar to vsekakor ni po Božji volji.

Sveto pismo pogosto govori o blagoslovih. Denimo Devteronomij 28:2-6, ki pravi:

> *In nadte bodo prišli vsi ti blagoslovi in te dosegli, če boš poslušal glas GOSPODA, svojega Boga. Blagoslovljen boš v mestu in blagoslovljen boš na polju. Blagoslovljen bo sad tvojega telesa, sad tvoje zemlje, sad tvoje živine, prireja tvojega goveda in prirastek tvoje drobnice. Blagoslovljena bosta tvoj koš in tvoje nečke. Blagoslovljen boš ob prihodu in blagoslovljen boš ob odhodu.*

3 Janez 1:2 pa nas spodbuja: „*Ljubi, prosim Boga, da bi ti*

šlo v vsem dobro in bi bil zdrav, kakor gre dobro tvoji duši." In dejansko so Božji izbranci, kot so Abraham, Izak, Jakob, Jožef in Daniel, vsi živeli zelo bogato življenje.

Za bogato življenje

Bog nam v Svoji pravičnosti dovoljuje žeti, kar smo sejali. Tako kot starši želijo le najboljše za svoje otroke, tako nam ljubeči Bog želi dati vse, za kar molimo in prosimo (Marko 11:24).

Bog si želi uslišati našo molitev in nas blagosloviti, kar pa seveda ni mogoče, če za nič ne prosimo, oziroma kadar prosimo brez vsake presoje. Če torej želite žeti, ne da bi prej karkoli posejali, dejansko zasmehujete Boga in kršite duhovni zakon.

Morda bo kdo rekel: „Želim si sejati, vendar ne morem, ker sem revež." Toda v Svetem pismu najdemo veliko revnih ljudi, ki so si po svojih najboljših močeh prizadevali sejati in bili bogato nagrajeni.

17. poglavje Prve knjige kraljev opisuje tri in pol letno sušo in lakoto, med katero je vdova iz Sarepte pri Sidonu sprejela preroka Elijo in mu dala kolaček kruha, ki ga je naredila iz peščice moke in malo olja, kar je bilo vse, kar je imela. Bog je bil zelo zadovoljen, ko je tako lepo poskrbela za Njegovega služabnika, zato jo je obilno blagoslovil: moka v loncu ni nikoli pošla in olja v vrču ni zmanjkalo do dne, ko je Gospod poslal dež na zemljo (1 Kralji 17:14).

Ob eni priložnosti v Jezusovem času je neka uboga vdova

vrgla dva majhna novčiča v zakladnico. Šlo je za zanemarljivo majhno vsoto, a jo je Jezus kljub temu pohvalil rekoč, da je darovala več kot vsi drugi. Vzela je namreč iz svoje revščine in dala vse, kar je imela, medtem ko so drugi dali le delež svojega imetja (Marko 12:42-44).

Najpomembneje je biti po miselnosti pripravljen vse darovati Bogu. Bog se ne ozira na količino vaše daritve, temveč zazna prijetno aromo ljubezni in vere, ki jo oddaja daritev, ter vas temu primerno bogato blagoslovi.

Bil je bičan in prelil je Svojo kri

Pred križanjem so rimski vojaki zasmehovali in trpinčili Jezusa. Prejel je udarce po obrazu, bil popljuvan in tako naprej. Prav tako so ga bičali s posebnim bičem, ki je imel med jermene vpletene ostre koščke kovine.

Tisti čas so rimski vojaki veljali za najkrepkejšo, najbolj disciplinirano in najmočnejšo vojaško silo na svetu. Kakšne bolečine Je moral prestajati, ko so Mu slekli oblačila in Ga bičali? Tako močno so udarjali po Njegovem telesu, da je utrpel rane, ki so segale do kosti in iz njih je brizgala kri.

Da bi izpolnil Izaijevo prerokbo, *„Svoj hrbet Sem nastavljal tistim, ki so Me bíli, Svoje lice tistim, ki so Mi pulili brado. Svojega obraza nisem skrival pred sramotenjem in pljunki"* (Izaija 50:6), se Jezus ni niti poskušal umakniti pred udarci z bičem.

Da bi ozdravil bolezni

Zakaj je bil potem Jezus bičan in zakaj je prelil Svojo kri? Zakaj je Bog dopustil, da je Njegovega Sina doletela takšna usoda? 53. poglavje Izaije opisuje pomen Jezusovega trpljenja in stiske.

> *On pa je bil ranjen zaradi naših prestopkov, strt zaradi naših krivd. Kazen za naš mir je padla Nanj, po Njegovih ranah smo bili ozdravljeni. Mi vsi smo tavali kakor ovce, obrnili smo se vsak na svojo pot, GOSPOD pa je naložil Nanj krivdo nas vseh* (Izaija 53:5-6).

Jezus je bil ranjen in strt zaradi naših prestopkov in krivd. Bil je kaznovan, bičan in je krvavel, da bi nam zagotovil mir in nas ozdravil vseh bolezni.

Ko je v 9. poglavju Matejevega evangelija Jezus ozdravil hromega, ki je ležal na postelji, ga Je najprej rešil pred njegovimi grehi, rekoč: *„Bodi pogumen, otrok, odpuščeni so ti grehi"* (2. odlomek). Šele nato mu je rekel: *„Vstani, vzemi svojo posteljo in pojdi domov"* (6. odlomek).

Ko je v 5. poglavju Janezovega evangelija Jezus ozdravil človeka, ki je bil hrom že osemintrideset let, mu je rekel: *„Vidiš, ozdravel si. Ne gréši več, da se ti ne zgodi kaj hujšega!"* (Janez 5:14)

Sveto pismo nas uči, da ljudje zbolimo zaradi greha. Zatorej potrebujemo nekoga, ki nas bo obvaroval pred grehi in posledično pred boleznijo. Toda brez prelivanja krvi ni odpuščenja (Levitik 17:11).

Iz tega razloga je v času Stare zaveze, kadar je kdo grešil, duhovnik vselej žrtvoval žival v spravno daritev. Vseeno pa nam danes — odkar je na ta svet prišel Jezus in prelil Svojo brezmadežno in mogočno kri — več ni treba darovati žrtvenih živali. Jezusova sveta kri je bila dana kot spravni dar za vse človeške grehe iz preteklosti, sedanjosti in tudi prihodnosti.

Da bi odvzel naše bolezni in slabosti

Matej 8:17 pravi: *„Tako se je izpolnilo, kar je bilo rečeno po preroku Izaiju: ‚On je odvzel naše slabosti in odnesel naše bolezni.‘"* Če torej verjamete in razumete, zakaj je bil Jezus bičan in je prelil Svojo kri, potem vam ne bo treba trpeti slabosti in bolezni.

Prvo Petrovo pismo 2:24 pravi: *„Sam Je na Svojem telesu ponesel naše grehe na les, da bi mi grehom odmrli in živeli za pravičnost. Po Njegovih ranah ste bili ozdravljeni."* V tem odlomku je uporabljen dovršni sedanjik, saj je Jezus takrat že prevzel vse grehe človeštva.

Toda zakaj nekateri ljudje kljub temu trpijo za boleznimi, pa čeprav domnevno verjamejo, da je Jezus na križu odvzel naše bolezni in slabosti?

V Eksodusu 15:26 Bog pravi: *„Če boš res poslušal glas GOSPODA, svojega Boga, in delal, kar je prav v Njegovih očeh, in ubogal Njegove zapovedi in izpolnjeval vse Njegove zakone, ne bom spravil nadte nobene od bolezni, ki Sem jih* *poslal nad Egipt; kajti Jaz sem GOSPOD, tvoj zdravnik."* Kadar torej delate, kar je prav v Božjih očeh, vas ne bo doletela nobena bolezen, saj vas bo Bog obvaroval s Svojimi očmi, ki so kakor žareč ogenj.

Vzemimo primer otroka, ki pride domov ves objokan, potem ko ga je pretepel sosedov otrok. Starši se bodo zelo različno odzvali na ta incident.

En starš morda uči svojega otroka na naslednji način: „Zakaj dovoliš, da te vedno znova pretepejo? Na vsak prejeti udarec moraš odgovoriti z dvema ali tremi udarci." Nek drug starš bo obiskal starše sosedovega otroka in izrazil svoje nezadovoljstvo. Spet drug starš se morda navzven sploh ne bo odzval, v svojem srcu pa bruhal jezo in ogorčenje.

Vendar Bog nas uči, da moramo zlo premagati z dobrim, ljubiti svoje sovražnike in si prizadevati za mir z vsemi: „*Jaz pa vam pravim: Ne upirajte se hudobnežu, ampak če te kdo udari po desnem licu, mu nastavi še levo*" (Matej 5:39).

Kadar torej delate, kar je dobro v Božjih očeh, vam ne bo težko izpolnjevati vseh Njegovih zapovedi in zakonov. Če boste zvesto molili in se trudili na vso moč, boste deležni Božje milosti in moči, in ob pomoči Svetega Duha boste zlahka dosegli vse svoje cilje.

In če se boste vzdržali pred grehi in delali, kar je dobro v Božjih očeh, boste varni pred boleznimi. Kadar pa se v vaše življenje kljub temu prikrade bolezen, vam bo Zdravnik Bog odpustil vaše grehe in vas ozdravil, takoj ko boste poiskali odgovor na vprašanje, kaj ste zagrešili, in se nato pokesali z vsem srcem.

Tudi kadar glasno priznavate, da je Bog vsemogočen, a se

hkrati — soočeni s težavami ali boleznijo — zanašate na posvetni svet oziroma obiščete bolnišnico, Bog ne bo zadovoljen, kajti vaše ravnanje dokazuje, da vaša vera v vsemogočnega Boga ni pristna (2 Kroniška 16).

Nosil je krono iz trnja

Krona pravzaprav sodi h kralju v kraljevski obleki. Četudi je bil Jezus eden in edini Božji Sin, Kralj kraljev in Gospod gospodov, pa je nosil krono iz dolgih in ostrih trnov, namesto čudovite krone iz zlata, srebra in draguljev.

Upraviteljevi vojaki so tedaj vzeli Jezusa s seboj v sodno hišo in zbrali okrog Njega vso četo. Slekli so Ga in Ga ogrnili s škrlatnim plaščem. Iz trnja so spletli krono in Mu jo dali na glavo in trst v Njegovo desnico. Poklekovali so pred Njim, Ga zasmehovali in govorili: „Pozdravljen, judovski Kralj!" In pljuvali so Vanj, Mu vzeli trst in ga z njim tepli po glavi (Matej 27:27-30).

Rimski vojaki so iz trnja spletli za Jezusa premajhno krono in jo čvrsto posadili na Njegovo glavo. Trnje je prebodlo Njegovo čelo in po Njegovem licu je pritekla kri. Zakaj je vsemogočni Bog dopustil, da je Njegov edini Sin nosil trnovo krono, prestajal neznosno bolečino in prelil Svojo kri?

Prvič – Jezus je nosil trnovo krono, da bi odkupil naše grehe, storjene v mislih.

Dokler je človek, ustvarjen od Boga, komuniciral z Njim in sledil Njegovi besedi, je bil brez greha, saj so bile njegove misli usklajene z Božjo voljo.

Ko pa je bil enkrat skušan s strani kače in je skozi misli prejel vzpodbudo od satana, je kmalu zapadel v greh. Nikoli prej namreč ni pomislil, da bi jedel z drevesa spoznanja dobrega in hudega, tako pa je padel v skušnjavo in pojedel sadež, ki je bil videti kot odlična hrana in priložnost za pridobitev modrosti.

In tako satan, ki je zapeljal prvega človeka Adama in Evo v neposlušnost, deluje še danes in vas poskuša napeljati, da bi grešili v svojih mislih.

V človeških možganih najdemo celice, ki so odgovorne za spomin. V teh celicah je zapisano vse, kar ste videli, slišali in se naučili od trenutka vašega rojstva. Temu pravimo „znanje." Na drugi strani pa imamo „misli", ki predstavljajo proces reprodukcije tega shranjenega znanja skozi delovanje vaše duše.

Ljudje odraščamo v različnih okoljih, zato se naša doživetja med seboj razlikujejo in naše možganske celico nosijo zelo različne spomine. In četudi se naša doživetja ne bi razlikovala, bi jih še vedno vsak posameznik doživel s svojevrstnimi občutki, zato je neizogibno, da imamo ljudje različne vrednote.

Božja beseda je pogosto v neskladju z našim znanjem in zgodovino. Morda denimo verjamete, da če želite biti povišani, se morate prikupiti drugim ljudem. Vendar Bog nas uči, da bo povišan vsak, ki se bo poniževal (Matej 23:12).

Večina ljudi je mnenja, da je povsem naravno sovražiti sovjega sovražnika, toda Bog nas uči, da moramo sovražnika ljubiti, mu dati jesti, če je lačen, in piti, če je žejen.

Božje misli so duhovne, človeške misli pa mesene. Satan nam pošilja mesene misli, da bi nas speljal proč od Boga, da ne bi pridobili iskrene vere in bi se raje predajali posvetnim užitkom, kar bi nas nazadnje popeljalo do greha in večne smrti.

V Mateju 16:21 Jezus pojasni Svojim učencem, da bo moral iti v Jeruzalem in veliko pretrpeti, ter da bo umorjen na križu in tretji dan obujen. Ob tej novici Peter povleče Jezusa na stran in ga začne grajati: *„Bog ne daj, Gospod! To se Ti nikakor ne sme zgoditi!"* (22. odlomek). Vendar Jezus se besno obrne k Petru in reče: *„Za menoj, satan! V spotiko si Mi, ker ne misliš na to, kar je Božje, ampak kar je človeško"* (23. odlomek). Ko je Jezus rekel: „Za menoj, satan", s tem ni namigoval, da je Peter satan, ampak da je satan deloval skozi Petrove misli in si prizadeval motiti delovanje Boga.

Da bi v skladu z Božjo voljo odrešil človeštvo, je Jezus moral sprejeti križ, kar pa je Peter skušal preprečiti s svojimi mesenimi mislimi.

V Drugem pismu Korinčanom 10:3-6 apostol Pavel pravi:

> *Res živimo v mesu, a se ne bojujemo v skladu z mesom. Orožje našega bojevanja ni meseno, ampak ima v Bogu moč, da podira trdnjave. Podiramo razmisleke in vsakršno visokost, ki se dviga proti spoznanju Boga, in vsako misel podvržemo poslušnosti Kristusu. Pripravljeni smo kaznovati vsako neposlušnost, ko se bo vaša poslušnost dopolnila.*

Izpodbiti morate svoje lastne argumente in razmišljanje, ki je pogosto usmerjeno zoper Božjega kraljestva. Vsako svojo misel podvrzite poslušnosti Kristusu in zaživite v skladu z resnico, saj boste samo tako postali človek duha in vere.

Odvrzite razmišljanje, da je treba z dvojno mero odgovoriti na prejeti udarec, zato da ne bi bili osramočeni, kajti tovrstne mesene misli so v nasprotju z resnico.

Vzdržite se pred vsemi grehi, ki prihajajo skozi vaše misli. Da pa bi v celoti rešili težavo z grehi, morate najprej premagati poželenje mesa, poželenje oči in napuh življenja. Vse to so namreč krivične misli, ki ugajajo satanu.

Poželenje mesa, oziroma misli, ki izvirajo pri satanu, predstavljajo hrepenenje, ki je v nasprotju z Božjo voljo. Pismo Galačanom 5:19-21 nam lepo opisuje ta poželenja:

> *Sicer pa so dela mesa očitna. To so: nečistovanje, nečistost, razuzdanost, malikovanje, čaranje, sovraštva, prepirljivost, ljubosumnost, jeze, častihlepnosti, razprtije, strankarstva, nevoščljivosti, pijančevanja, žretja in kar je še takega. Glede tega vas vnaprej opozarjam, kakor Sem vas že opozoril: tisti, ki počenjajo takšne stvari, ne bodo podedovali Božjega kraljestva.*

Poželenje mesa je torej hrepenenje po delih, ki jih Bog prepoveduje.

Poželenje oči pomeni, da je posameznikov um pod močnim vplivom tega, kar vidi in sliši, zato začne slediti hrepenenjem, ki so zaživela v njegovem umu. Kadar nekdo ljubi posvetni svet in se prepusti poželenju oči, takrat bo cenil samo zgoraj navedena poželenja in nič ga ne bo zadovoljilo.

Prevzetnost se rodi v osebo, ko se ta predaja užitkom sveta, medtem ko si prizadeva potešiti svoje grešno hrepenenje in poželenje oči. Temu pravimo napuh življenja.

Jezus je nosil trnovo krono in prelil Svojo kri, da bi nas odkupil vseh oblik nemoralnosti, nepostavnosti in zla. Samo brezmadežna in čista Jezusova kri nas je lahko rešila vseh grehov, storjenih v naših mislih, in ravno zato je Jezus sprejel trnovo krono in prelil Svojo kri.

Drugič – Jezus je nosil trnovo krono, da bi ljudem v nebesih omogočil nositi lepše vence.

Drugi razlog za Njegovo nošenje trnove krone je ta, da bi nam ljudem omogočil pridobitev lepšega venca. Najprej nas je rešil revščine in nam dal bogastvo, tako da je sam vodil revno življenje, nato pa je sprejel še trnovo krono, da bi nam omogočil nositi lepše vence v nebesih.

V nebesih je za Božje otroke pripravljenih nešteto vencev. Tako kot se na atletskih tekmovanjih podeljujejo nagrade v obliki zlate, srebrne in bronaste medalje, tako se v nebesih podeljujejo različni venci.

Med njimi je na voljo nevenljiv venec, ki ga opisuje Prvo pismo Korinčanom 9:25: *„Vsak tekmovalec pa se vsemu odreče, oni, da prejmejo venec, ki ovene, mi pa nevenljivega.“* Nevenljiv venec čaka na tiste Božje otroke, ki se trudijo vzdržati pred grehi. Venec slave prejmejo vsi tisti, ki se očistijo svojih grehov, živijo v skladu z Božjo besedo ter slavijo Boga (1 Peter 5:4). Venec življenja je namenjen tistim, ki ljubijo Boga z vsem svojim srcem, so zvesti vse do smrti in postanejo sveti, tako da se vzdržijo vseh oblik zla (Jakob 1:12; Razodetje 2:10).

Potem je tukaj venec pravičnosti, ki se daje vsem tistim, ki kakor apostol Pavel postanejo sveti, tako da se otresejo vseh svojih grehov ter v popolnosti in v skladu z Božjo voljo izpolnijo svoje poslanstvo (2 Timoteju 4:8).

Tudi Razodetje 4:4 govori o vencih: *„Okrog prestola je bilo štiriindvajset prestolov in na prestolih je sedelo štiriindvajset starešin, ogrnjenih v bela oblačila, z zlatimi venci na glavah."* Zlati venci čakajo na tiste, ki dosežejo položaj starešine in bodo stali ob Bogu v Novem Jeruzalemu.

Izraz „starešina" se tukaj ne nanaša na ljudi, ki jim je bil ta naziv dan v cerkvah, temveč opisuje ljudi, ki jih Bog priznava kot starešine, zato ker so sveti, zvesti v vsej božji hiši in imajo neomajno vero.

Bog tako daje Svojim otrokom različne vence v odvisnosti od tega, do kolikšne mere se vzdržijo pred grehi in opravijo Božje poslanstvo. Božji otroci bodo torej v nebesih prejeli lepše vence, če na zemlji ne bodo stregli poželenju svojega mesa in bodo sledili Božji besedi (Rimljanom 13:13-14), če bodo živeli v Duhu (Galačanom 5:16) in če bodo zvesto opravljali svoje dolžnosti in poslanstvo!

Prav tako nas je Jezus odkupil vseh naših grehov, storjenih v naših mislih, s tem ko je nosil trnovo krono in prelil Svojo kri. In kako hvaležni moramo biti, da bomo v nebesih nagrajeni z venci v skladu z mero naše vere in uspešnostjo našega poslanstva.

Zavedajte se torej, kako veličastno je biti upravičen do teh vencev. V ta namen morate odpreti srce za Boga, se vzdržati vseh oblik zla, uspešno izpolnjevati svoje poslanstvo ter biti zvesti v vsej Božji hiši. In resnično si želim, da bi v nebesih vsi prejeli kar najlepši venec.

Jezusova oblačila in suknja

Jezus je odšel na Golgoto, na kraj križanja, nosil trnovo krono in po strahovitem bičanju prelil Svojo kri za naše odrešenje. Pred bičanjem so rimski vojaki Jezusu slekli oblačila in si jih razdelili na štiri dele, za vsakega vojaka po en del. Razdelili pa si niso Njegove suknje, temveč so zanjo žrebali.

> *Ko so vojaki križali Jezusa, so Mu vzeli oblačila – razdelili so jih na štiri dele, za vsakega vojaka po en del – in suknjo. Suknja pa je bila brez šiva, od vrha scela stkana. Med seboj so se dogovorili: „Nikar je ne parajmo, ampak žrebajmo zanjo, čigava bo," da se je tako izpolnilo Pismo, ki pravi: „Razdelili so si Moja oblačila in za Mojo suknjo so žrebali"* (Janez 19:23-24).

Čemu nam Bog tako natančno opisuje Jezusova oblačila in suknjo? Ta dogodek je duhovno tesno povezan z zgodovino Izraela od leta 70 našega štetja.

Vzeli so Mu oblačila in Ga križali

Matej 27:22-26 nas uči, da je bil Jezus na zahtevo množice, ki Jezusa ni priznavala za Mesijo, obsojen na križanje s strani Poncija Pilata, še prej pa prestal veliko zasmehovanje in zaničevanje.

Zasmehovan in zaničevan, s trnovo krono na glavi, je nesel križ na Golgoto in bil tam križan. Na ukaz Pilata so vojaki nad Njegovo glavo postavili napis o Njegovi krivdi, ki je vseboval naslednje besede: „*TA JE JEZUS, JUDOVSKI KRALJ*" (Matej 27:37).

Napis je bil zapisan v hebrejščini, latinščini in grščini. Hebrejščina je bila jezik Judov, od Boga izbranega ljudstva. Latinščina je bila uradni jezik Rimskega imperija, tisti čas najmočnejše države na svetu, grščina pa je veljala za najbolj razširjen svetovni jezik. Napis v omenjenih treh jezikih torej simbolizira, da je ves svet Jezusa priznaval za kralja Judov in Kralja vseh kraljev.

Potem ko so v Janezu 19:21-22 judovski duhovniki videli ta napis, so številni izmed njih protestirali pri Pilatu, naj ne napiše „Judovski kralj", ampak da se je Jezus sam oklical in rekel: „Judovski kralj sem." Toda Pilat je odvrnil: „Kar sem napisal, sem napisal," in ni spremenil napisa. To pomeni, da je celo Pilat sam Jezusa priznaval za kralja vseh Judov.

In prav zares je Jezus judovski kralj, edini Sin Boga, Kralj kraljev in Gospod gospodov. Ne glede na to pa so Jezusu vpričo množice slekli Njegova oblačila in suknjo ter Ga pribili na križ. Jezus je tako utrpel zelo ponižujočo smrt.

Živimo v tem pokvarjenem svetu, ne oziraječ se na dolžnosti človeka. In da bi nas odkupil pred hudobijo, pokvarjenostjo, nepostavnostjo in nemoralnostjo, je Jezus, Kralj kraljev, ostal brez Svojih oblačil in utrpel veliko poniženje pred očmi množice. Če razumete duhovni pomen tega dogodka, potem boste zagotovo neskončno hvaležni Jezusu.

Jezusova oblačila so razdelili na štiri dele

Rimski vojaki so Jezusa slekli do golega in Ga križali. Vzeli so Njegova oblačila, jih razdelili na štiri dele in žrebali za Njegovo suknjo.

Pri tem pa že sama logika narekuje, da Njegova oblačila nikakor niso mogla biti lepa in dragocena. Zakaj so jih potem vojaki sploh hoteli imeti?

So morda vedeli, v svoji daljnosežni modrosti, da bo Jezus spoznan za Mesijo, in so si zato tako močno želeli vsaj en kos Njegove obleke, ki bi ga nato zapustili svojim potomcem kot dragoceno družinsko bogastvo? Ne, to ni bil njihov razlog.

Psalmi 22:18 prerokujejo: *"Lahko preštejem vse svoje kosti, oni gledajo, buljijo vame."* Bog je dopustil rimskim vojakom vzeti Njegova oblačila zato, da bi se izpolnil odlomek evangelija po Janezu 19:24.

Kakšen duhovni pomen torej skrivajo Jezusova oblačila? Čemu so si jih vojaki razdelili na štiri dele, za vsakega vojaka po en del? Zakaj niso razparali Njegove suknje? Zakaj je Bog dopustil, da je bil ta dogodek napisan vnaprej?

Jezus je judovski kralj, Njegova oblačila pa se nanašajo na Izrael oziroma na Jude. Ko so si rimski vojaki razdelili oblačila na štiri dele, so ta izgubila svojo obliko, kar namiguje na uničenje izraelske države. Hkrati pa namiguje tudi, da bo ime Izraela živelo naprej, saj so deli oblačil ostali ohranjeni. Nenazadnje tudi svetopisemske besede, ki govorijo o Njegovih oblačilih, prerokujejo, da se bodo kot rezultat uničenja njihove države Judje razkropili na vse strani. Sama zgodovina Izraela pa pričuje, da se je ta prerokba izpolnila.

Zgolj 40 let po Jezusovi smrti je rimski general Tito uničil Jeruzalem do tal, skupaj z Božjim templjem, tako da od njega ni ostal niti en kamen. Po padcu Izraela so se Judje razkropili na vse strani, bili preganjani in celo ubiti. To pojasnjuje, zakaj Judje še danes živijo po vsem svetu.

Matej 27:23 opisuje grozljiv prizor, v katerem Poncij Pilat pred pokvarjeno množico naznani, da je Jezus nedolžen, množica pa vse glasneje kriči in zahteva Njegovo križanje. Nato Pilat zajame vodo in si vpričo množice umije roke ter tako pokaže, da ni odgovoren za smrt nedolžnega Jezusa, rekoč: *"Nedolžen sem pri krvi tega Človeka. Vi glejte!"* (24. odlomek) Nakar ljudstvo odvrne: *"Njegova kri je na nas in na naše otroke!"* (25. odlomek)

Pri tem je najbolj neverjetno to, da zgodovina Izraela jasno dokazuje, da je veliko Judov in njihovih potomcev prelilo svojo kri in tako na nek način izpolnilo svoje besede, ki so jih izrekli pred Poncijem Pilatom. Samo v štirih desetletjih po Jezusovi smrti je namreč življenje izgubilo 1.1 milijona Judov. Poleg tega je nacistična Nemčija med drugo svetovno vojno pobila okoli šest milijonov Judov. Film z naslovom Schindlerjev seznam prikazuje tragične prizore, v katerih so bili Judje, brez ozira na njihov spol in starost, slečeni do golega in ubiti. Še na smrt obsojeni zločinec je upravičen do svežih oblačil, preden ga usmrtijo, a Judje so bili pred usmrtitvijo slečeni do golega.

Judje niso priznavali Jezusa za Mesijo, temveč so Ga slekli do golega in križali. S tem, ko so kričali: „Njegova kri je na nas in na naše otroke," so izraelsko ljudstvo pahnili v grozno in dolgoletno stisko.

Jezusova v celoti stkana suknja

Janez 19:23 opisuje Jezusovo suknjo: „*Suknja pa je bila brez šiva, od vrha scela stkana.*" Izraz „brez šiva" namiguje, da suknja ni bila sešita iz več manjših kosov blaga. Večino ljudi ne zanima, kako so izdelana njihova oblačila in ali so spletena od zgoraj navzdol oziroma od spodaj navzgor. Zakaj potem Sveto pismo tako podrobno opisuje Jezusovo suknjo?

Sveto pismo pravi, da je Adam oče vseh ljudi, Abraham oče vere, Jakob pa oče Izraela. Bog nas uči, da oče Izraela ni Abraham, ampak Jakob, kajti dvanajst plemen Izraela izhaja iz dvanajstih Jakobovih sinov. Četudi je Abraham oče vere, pa je dejansko Jakob ustanovitelj Izraela.

V Genezi 35:10-11 je Bog blagoslovil Jakoba na naslednji način:

„*Jakob ti je ime, a se ne boš več imenoval Jakob,*

temveč naj ti bo ime Izrael!" Tako Ga je imenoval za Izraela. Bog mu je rekel: „Jaz sem Bog Mogočni. Bodi rodoviten in množi se! Narod, da, občestvo narodov naj nastane iz tebe in kralji naj prihajajo iz tvojih ledij."

Božja beseda pravi, da so Jezusovi sinovi tvorili hrbtenico države Izraela, ki je delovala kot enotna država, vse dokler ni v času kralja Roboama razpadla na kraljestvo Juda na jugu in kraljestvo Izrael na severu.

Kasneje se je kraljestvo Izrael pomešalo s pogani, medtem pa je kraljestvo Juda ostalo enotno. Danes prebivalcem kraljestva Juda pravimo Judje. Dejstvo, da je bila Jezusova suknja brez šiva, spletena v enem kosu, torej pomeni, da je Izrael vse do danes ohranil svojo enotnost in identiteto kot država Jakobovih potomcev.

Žrebanje za Jezusovo suknjo

Suknja predstavlja srce ljudstva. Ker pa je bil Jezus kralj Izraela, Njegova suknja predstavlja srce vseh Judov.

Izraelci so kot Božje ljudstvo, izbrano preko očeta vere Abrahama, častili pravega Boga nad vsem drugim. Že samo dejstvo, da si niso razdelili Njegove suknje, namiguje, da je njihov duh ostal dobro ohranjen, ne da bi se razpadel na manjše koščke, pa čeprav je bila sama država oziroma oblast Izraela večkrat uničena.

Pravzaprav je Sveto pismo napovedalo, da poganom ne bo

uspelo uničiti duha Izraelcev. Ali povedano drugače, njihova srca so ostajala neomajna do Boga, četudi so pogani uničili njihovo državo. In ker so imeli tako neomajna srca, jih je Bog izbral za Svoje ljudstvo ter preko njih vzpostavil Svoje kraljestvo in pravičnost.

Izraelci se še danes trudijo z neomajnim srcem slediti postavi, saj so potomci Jakoba, ki je tudi sam imel neomajno srce. 14. maja 1948 — mnogo let, odkar so izgubili svojo državo — so Izraelci z razglasitvijo neodvisnosti presenetili ves svet. Sledil je silovit razvoj v eno najnaprednejših in najvplivnejših držav, kar je pomenilo, da so po zelo dolgem času znova izžarevali svoj nacionalni duh in veličino.

Ker si rimski vojaki niso mogli razdeliti Jezusove suknje, ki je bila brez šiva in sešita v enem kosu, zato pogani ne morejo uničiti duha Izraelcev, ki častijo Boga. Nenazadnje so Izraelci kot Jakobovi potomci ustanovili neodvisno državo in kot Božje ljudstvo izpolnili Božjo voljo.

Sveto pismo govori o Izraelu ob koncu časa

Bog nam je skozi Jezusova oblačila in suknjo razodel prihodnost Izraela, pri tem pa dodal namig glede poslednjih dni sveta.

Ezekiel 38:8-9 pravi:

Čez veliko dni boš dobil ukaz. Ko bodo pretekla leta, boš krenil nad deželo, ki se je osvobodila meča in se iz mnogih ljudstev spet zbrala na Izraelovih gorah, ki so bile dolgo opustošene. Njeno prebivalstvo je bilo odpeljano izmed ljudstev in zdaj vsi varno prebivajo. „Pridrvel boš, kot nevihta boš prišel; kakor oblak boš in pokril boš deželo, ti in vse tvoje trume in številna ljudstva s teboj."

Izraz „čez veliko dni" predstavlja obdobje od Jezusovega rojstva do Njegovega drugega prihoda, „ko bodo pretekla leta" pa se nanaša na zadnja leta, tik pred Jezusovim drugim prihodom. „Izraelove gore" govorijo o Jeruzalemu, ki leži na višavju približno 760 metrov nad morsko višino. Razkritje, da se bo v prihodnosti zbralo veliko ljudi iz različnih držav, potemtakem napoveduje, da se bodo tik pred Jezusovim drugim prihodom Izraelci z vsega sveta vrnili v svojo deželo.

Ta napoved se je uresničila, ko je bil leta 70 Izrael uničen s strani rimskega imperija in ko je kasneje leta 1948 razglasil svojo neodvisnost. Pred samostojnostjo je bil Izrael dolgo časa pust kraj, a se je do danes razvil v eno najbolj razvitih držav sveta.

Nova zaveza prav tako napoveduje neodvisnost Izraela. V Mateju 24:32-34 nam Jezus sporoča naslednje:

Od smokvinega drevesa pa se naučite priliko: Kadar njegova veja postane že muževna in poganja listje, veste, da je poletje blizu. Tako tudi vi: Ko boste videli vse to, védite, da Je blizu, pred vrati. Resnično, povem vam: Ta rod nikakor ne bo prešel, dokler se vse to ne zgodi.

Takšen je bil Jezusov odgovor učencem, ko so ga povprašali po Njegovem drugem prihodu in koncu sveta.

Smokvino drevo se tukaj nanaša na Izrael. Ko z drevesa odpade listje in zapiha hladen veter, takrat veste, da prihaja zima. Ko pa smokvino drevo postane muževno in požene liste, takrat to naznanja prihod poletja. S to priliko nas Jezus uči, da bo kmalu po ponovni vzpostavitvi Izraela — ko si Izraelci pridobijo neodvisnost — sledil Jezusov drugi prihod.

Nemogoče je vedeti, kako dolgo bo to obdobje, o katerem govori Jezus, nobenega dvoma pa ni, da se bodo Njegove besede uresničile. Bili smo že priča razglasitvi neodvisnosti Izraela, zato ni odveč sklepati, da je Jezusov drugi prihod pred vrati.

Znamenja konca sveta

V 24. poglavju Matejevega evangelija Jezus Svojim učencem do podrobnosti opiše znamenja konca sveta. Vseeno pa jim ni zaupal natančnega dneva in ure, rekoč: *„Za tisti dan in uro pa ne ve nihče, ne angeli v nebesih ne Sin, ampak samo Oče"* (Matej 24:36).

To pomeni, da On kot Sin človeka, ki je v mesu prišel na ta svet, ni poznal točnega dneva in ure. Kar pa ne pomeni, da Jezus, ki je eden od svete Trojice, tudi po križanju, vstajenju in vnebohodu še naprej ni poznal časa konca.

Jezus je veliko govoril o znamenjih konca sveta in nas svaril: *„Ker se bo nepostavnost povečala, se bo ljubezen pri mnogih ohladila. Kdor pa bo vztrajal do konca, bo rešen"* (Matej 24:12-13).

Brezbožnost se danes nezadržno povečuje, medtem pa se ljubezen čedalje bolj ohlaja. Srčnost in toplina sta skorajda povsem izginili. V Mateju 24:14 Jezus pravi: „*In ta evangelij kraljestva bo oznanjen po vsem svetu v pričevanje vsem narodom, in takrat bo prišel konec.*" Evangelij je bil uspešno oznanjen po vsem svetu.

Poleg tega danes živimo v „globalni vasi", kjer nam je dosegljiv vsak kotiček planeta, bodisi fizično ali preko telekomunikacijske povezave. Tudi to pa je bilo vnaprej napovedano v Danielu 12:4: „*Ti, Daniel, pa ohrani skrivnost besed in zapečati knjigo do časa, ko bo konec. Mnogi jo bodo iskali, da se jim pomnoži spoznanje.*" Živimo torej v okoliščinah, v katerih se je evangelij zelo hitro razširil po vsem svetu.

Četudi pa je evangelij zaokrožil svet, pa nekateri ljudje še naprej ne sprejemajo Jezusa, saj nimajo odprtih src. No, morda še vedno obstajajo tudi kakšni oddaljeni kraji, ki jih semena evangelija še niso dosegla.

Prerokbe Stare zaveze so se že vse izpolnile, prav tako pa tudi večji del prerokb Nove zaveze. In ker je Sveto pismo napisano po navdihu Svetega Duha, je Božja beseda vedno točna in brez napake. Še najmanjša črka ali najkrajši premik pisala je ne bosta spremenila. Bog je izpolnjeval to Svojo besedo in tako danes ostaja neizpolnjenih le še nekaj reči, ki vključujejo drugi prihod našega Gospoda Jezusa Kristusa, sedemletno obdobje velike stiske, tisočletno kraljestvo miru ter sodbo z velikega belega prestola.

Skozi dlani in stopala je bil pribit na križ

Križanje je bila ena najbolj krutih metod usmrtitve, namenjena morilcem in izdajalcem. Osebku so raztegnili roke ter ga skozi dlani in stopala pribili na lesen križ, na katerem je visel vse do smrti. Do svojega zadnjega diha je trpel strahovito bolečino.

Jezus, Božji Sin, je delal samo dobra dela in bil brez madeža na tem svetu. Zakaj so Ga potem pribili na križ, na katerem je prelil Svojo kri?

Bolečina pri prebitju dlani in stopal

Jezus je bil obsojen na smrt in je nesel križ na Golgoto. Nek rimski vojak je držal velik železni žebelj, drugi vojak pa je na poveljnikov ukaz začel s kladivom pribijati Njegove dlani in stopala. Nato so križ skupaj z Jezusom postavili pokončno. Si znate predstavljati, kakšne bolečine je moral prestajati Jezus?

Nedolžni Jezus je moral trpeti bolečino, ko so zabijali žeblje v Njegovo telo in ko je vsa Njegova telesna teža pritiskala na Njegove rane.

V primeru obglavljenja bolečina nemudoma izgine, umiranje na križu pa terja veliko več bolečine, saj je človek pribit na križ, na njem krvavi ter se bori z dehidracijo in izčrpanostjo vse do smrti.

V puščavi je pripekalo močno sonce in Jezusovo razklano telo so preletavale vse vrste insektov in škodljivcev, da bi sesali Njegovo kri, ki je brizgala iz Njegovih ran na rokah in nogah.

Poleg tega so ničvredneži s prsti kazali Nanj, pljuvali Vanj, se norčevali, Ga preklinjali in žalili. Nekateri so Ga sramotili, zmajevali z glavami in govorili: *„Ti, ki podiraš tempelj in ga v treh dneh postaviš, reši samega sebe, če Si Božji Sin, in stopi s križa!"* (Matej 27:40)

Med križanjem je Jezus prestajal neznosno bolečino. Vendar dobro se je zavedal, da bo s tem, ko bo ponesel naše grehe in umrl na križu, odprl vrata za odrešenje človeštva od greha ter nas preredil v Božje otroke. Kljub vsemu pa je prava bolečina prihajala iz drugega vira. Bili so namreč tudi takšni ljudje, ki niso poznali tega načrta Božje previdnosti in zaradi pokvarjenosti niso prejeli odrešenja. To je Jezusu povzročalo še največjo bolečino.

Grehi, storjeni z rokami in nogami

Ko se v našem srcu rodi grešna misel, srce spodbudi roke in noge h grešenju. Ker pa je po duhovnem zakonu plačilo za greh smrt, boste, v kolikor grešite, vrženi v pekel, kjer boste trpeli za vse veke.

Zato Jezus pravi: *„Če te tvoja noga pohujšuje, jo odsekaj! Bolje je zate, da prideš hrom v življenje, kakor da bi imel obe nogi, pa bi bil vržen v peklensko dolino, [kjer njihov črv ne umre in njihov ogenj ne ugasne.] Če te tvoje oko pohujšuje, ga iztakni! Bolje je zate, da prideš z enim očesom v Božje kraljestvo, kakor da bi imel obe očesi, pa bi bil vržen v peklensko dolino"* (Marko 9:45-47).

Kolikokrat ste doslej v življenju grešili s svojimi rokami in nogami? Nekateri v jezi pretepejo sočloveka, nekateri kradejo, spet drugi zaradi kockanja izgubijo svoje premoženje. Ljudje dobijo hitre noge in jih žene tja, kamor ne bi smeli iti. Zatorej, če vas vaše noge zavajajo v greh, jih je bolje odsekati in stopiti v nebesa, kot biti z obema nogama vržen v pekel.

In koliko grehov ste zagrešili z očmi? Pohlep in prešuštvo vas hitro prevzameta, kadar vaše oči vidijo kaj prepovedanega. Ravno zato je Jezus rekel, da če vas oči zavajajo v greh, jih je bolje iztakniti in stopiti v nebesa, kot z njimi grešiti in biti vržen v pekel.

V časih Stare zaveze je veljalo, da kadar je nekdo grešil z očmi, so mu jih nemudoma iztaknili; kadar je grešil z rokami ali nogami, so mu le-te odsekali; in kadar je zagrešil umor ali prešuštvo, so ga kamnali do smrti (Devteronomij 19:19-21).

Brez Jezusovega trpljenja na križu bi bili Božji otroci še danes primorani žrtvovati svoje roke in noge, v kolikor bi z njimi grešili. Tako pa je Jezus sprejel križ, bil pribit skozi dlani in stopala ter prelil Svojo kri, s čimer vas je očistil grehov, storjenih z vašimi rokami in nogami, in tako vam ni treba trpeti niti plačati kazni za vaše lastne grehe. Kako velika je Njegova ljubezen!

Vedite pa, da vas Jezus pred grehi varuje le takrat, kadar hodite v luči, kakor je v luči On Sam, in kadar se obračate k Njemu in priznavate svoje grehe.

Zato je še kako pomembno, da svoje srce napolnite z resnico in zaživite zmagovito življenje, polno hvaležnosti, milosti in ljubezni do Boga.

Niso strli Njegovih nog, a prebodli Njegovo stran

Jezus je umrl na petek, dan pred Gospodovim dnem. Tisti čas se je sobota častila kot Gospodov dan in Judje niso želeli, da bi telesa čez soboto ostajala na križu.

Zato so, kot si lahko preberete v Janezu 19:31, prosili Pilata, naj jim strejo noge in jih snamejo.

Z dovoljenjem Poncija Pilata so vojaki strli noge dvema razbojnikoma, ki sta bila križana z Jezusom, Njemu pa niso strli nog, saj je bil že mrtev. Tisti čas so vsi, ki so bili križani, veljali za preklete, in ravno zaradi tega so jim vojaki strli noge. V dejstvu, da Jezusu niso strli nog, se potemtakem zagotovo skriva Božja previdnost.

Zakaj Jezusu niso strli nog?

Jezus, ki je bil brez greha, je bil preklet in obešen na križ, da bi odkupil človeštvo od prekletstva postave. Satan ni mogel streti Njegovih nog, vendar ne zato, ker je Jezus umrl zaradi Svojega greha, pač pa ker je tako narekovala Božja previdnost.

Poleg tega je Bog obvaroval Jezusove noge, da bi izpolnil besede iz Psalma 34:20, ki pravijo: *„Varuje vse njegove kosti, nobena izmed njih se ne bo zlomila."*

V Numerih 9:12 Bog zapove Izraelcem, naj pojedo jagnje, vendar naj mu pri tem ne zlomijo nobene kosti. V Eksodusu 12:46 jim ponovno zapove, da lahko jedo jagnje, vendar na njem ne smejo zlomiti nobene kosti.

„Jagnje" se nanaša na Jezusa, ki je bil neoporečen in nepokvarjen, a se iz Svoje ljubezni žrtvoval kot spravna daritev za ljudi in njihove grehe. V skladu z Eksodusom 12:46, ki pravi: *„[Jagnje] naj jedo v isti hiši; ne nosite mesa iz hiše in ne zlomite na njem nobene kosti,"* Jezusu niso zlomili nobene kosti.

Njegova s sulico prebodena stran

Janez 19:32:34 opisuje še en grozljiv prizor:

> *Prišli so torej vojaki in strli noge prvemu in drugemu, ki sta bila križana z Jezusom. Ko so prišli do Jezusa in videli, da je že mrtev, Mu niso strli nog, ampak Mu je eden izmed vojakov s sulico prebodel stran in takoj sta pritekli kri in voda.*

Zakaj je vojak prebodel Jezusovo stran, ko pa je dobro vedel, da je Jezus mrtev? Ta dogodek nam lepo ponazarja človekovo pokvarjenost.

Čeprav je bil Bog, Jezus ni zahteval niti se oklepal Svojih pravic. Namesto tega je Sam Sebe izpraznil in zavzel skromen položaj služabnika v človeški obliki. Še več – umrl je na križu kot kriminalec in se tako še dodatno ponižal. Na ta način je Jezus odprl vrata odrešenja za vse nas (Filipljanom 2:6-8).

V času Svojega življenja na tem svetu je Jezus osvobodil zapornike, dal revnim bogastvo ter zdravil bolne in šibke. Pri tem pa ni imel dovolj časa za hranjenje in spanje, saj je vse moči usmeril v oznanjevanje Božje besede, zato da bi rešil kar največ duš. Tudi ko so Njegovi učenci počivali, je Sam odšel na hrib in tam molil.

Čeprav je delal samo dobra dela, so ga številni Judje preganjali s prezirom in nazadnje tudi križali v svoji pokvarjenosti. In povrh tega je rimski vojak prebodel Njegovo stran, čeprav je dobro vedel, da je Jezus že mrtev. Vse to nam govori, da so bili ljudje polni pokvarjenosti.

Bog je razodel Svojo veliko ljubezen, ko je poslal Svojega edinega Sina Jezusa Kristusa in Ga dal križati, da bi nas odkupil grehov, in to ne glede na vso pokvarjenost ljudi.

Iz Jezusove strani sta pritekli kri in voda

Kot že rečeno je rimski vojak v svoji pokvarjenosti s sulico prebodel Jezusovo stran, čeprav je vedel, da je Jezus mrtev. Ko Ga je prebodel, sta iz Njegovega telesa pritekli kri in voda. Gre za dogodek, ki nam razkriva kar tri pomene.

Prvič – dogodek nazorno kaže, da je Jezus prišel v mesu kot Božji Sin. Janez 1:14 pravi: *"In Beseda je postala meso in se naselila med nami. Videli smo Njeno veličastvo, veličastvo, ki ga ima od Očeta kot edinorojeni Sin, polna milosti in resnice."* Bog je kot Jezus prišel na ta svet.

Grešniki ne morejo videti Boga, saj bi ob pogledu Nanj nemudoma umrli. Iz tega razloga Bog ne more stopiti neposredno pred njih in ravno zato je Jezus prišel na ta svet in nam pokazal veliko dokazov, da bi nas pripeljal do vere v Boga.

Sveto pismo nam govori, da je bil Jezus ravno tako človek kot mi. Marko 3:20 namreč pravi: *"Nato Je prišel v hišo. Spet se je zbrala množica, tako da še jesti niso utegnili."* Matej 8:24 pa dodaja: *"Na jezeru je nastal velik vihar, tako da so valovi pokrivali čoln; On pa je spal."*

Nekateri se morda sprašujejo, kako je lahko Jezus, ki je Božji Sin, čutil lakoto in bolečino. Vendar Jezus je bil iz mesa in kosti, zato je seveda moral jesti in spati, hkrati pa je čutil tudi bolečino, ravno tako kot mi.

Že samo dejstvo, da sta iz Njegovega telesa pritekli kri in voda, ko Ga je vojak prebodel s sulico, je prepričljiv dokaz, da je Jezus prišel na ta svet v mesu, pa čeprav je v resnici Božji Sin.

Drugič – dogodek dokazuje, da smo lahko deležni božanske narave, četudi smo iz mesa. Bog si želi, da bi bili Njegovi otroci sveti in popolni kakor On. Zato nam pravi: *"Bodite sveti, ker sem jaz svet"* (1 Peter 1:16) in *"Bodite torej popolni, kakor je popoln vaš nebeški Oče"* (Matej 5:48). Prav tako nas spodbuja, rekoč: *"Po njiju nam Je podaril tiste dragocene in največje obljube, da bi po teh postali deležni božanske narave in ubežali pred svetno, poželjivo pokvarjenostjo"* (2 Peter 1:4), in *"To mislite v sebi, kar je tudi v Kristusu Jezusu"* (Filipljanom 2:5).

Jezus je prišel na ta svet v mesu, po Božji volji postal služabnik in v celoti izpolnil Svoje poslanstvo. Prav tako je z ljubeznijo izpolnil postavo, s tem ko je premagal vse težave in preizkušnje ter živel v skladu z Božjo besedo.

Čeprav je bil človek, je prostovoljno sprejel vso bolečino,

potrpežljivo sledil Božji volji ter z ljubeznijo žrtvoval Svoje življenje, ko je brez upiranja ali pritoževanja umrl na križu.

Kako lahko potem sodelujete v božanski naravi s srcem Jezusa Kristusa?

Posedovati morate duhovno ljubezen, iskreno moliti ter križati svojo grešno naravo, ki jo sestavljata strast in poželenje. Razviti morate enak odnos, kot ga je imel Jezus.

Na eni strani je sebična mesena ljubezen, ki se s časom ohlaja. Ljudje, ki posedujejo to vrsto ljubezni, kmalu prevarajo drug drugega in močno trpijo, kadar niso v soglasju.

Na drugi strani pa si Bog želi, da bi posedovali ljubezen, ki je potrpežljiva, prijazna in ni samovšečna. Govorimo o duhovni ljubezni, ki je nespremenljiva in cveti iz dneva v dan. Jezusovemu načinu razmišljanja se torej lahko približate do te mere, do katere posedujete duhovno ljubezen in skozi iskreno molitev odpravite vse oblike zla.

Prav tako lahko vsak prejme Božjo milost in moč, kadar išče Njegovo pomoč s postenjem in iskreno molitvijo. Takrat vam bo Bog pomagal premagati vse oblike zla. Z duhovno ljubeznijo boste sijali kakor sonce v nebeškem kraljestvu, obrodili devet sadov Svetega Duha (Galačanom 5) ter osvojili osmero blagrov (Matej 5).

Tretjič – Kri in voda, ki ju je Jezus prelil na križu, sta dovolj mogočni, da vas popeljeta do iskrenega in večnega življenja.

Njegova kri in voda sta bili neoporečni in nepokvarjeni, saj je bil Jezus brez izvirnega in brez lastnega greha. Duhovno gledano je bila ravno ta kri in voda tista, ki jo je bilo moč oživeti. S tem ko je Jezus prelil Svojo sveto kri, vas je očistil grehov ter vam omogočil resnično življenje, ki vodi do odrešenja, vstajenja in večnega življenja.

Kri, ki je pritekla iz Jezusovega telesa, simbolizira Božjo besedo oziroma neizčrpen studenec življenja. Postanete lahko pravi Božji otrok in se napolnite z resnico, vendar le do te mere, do katere razumete Njegovo besedo in se očistite svojih grehov.

Jezus, ki je bil brez madeža, se je odrekel vsega, da bi vam omogočil resnično življenje, pa čeprav niste bili nič boljši od živali.

Upam, da razumete, da ste bili rešeni, ne da bi karkoli plačali. Prav tako pa upam, da boste skozi gorečo molitev odvrgli svoje grehe in zaživeli iskreno življenje v Jezusu Kristusu.

7. poglavje

SEDEM ZADNJIH JEZUSOVIH BESED NA KRIŽU

- Oče, odpusti jim!
- Danes boš z menoj v raju
- Žena, glej, tvoj sin! Glej, tvoja mati!
- *Eloi, Eloi, Lama Sabachthani?*
- Žejen sem
- Izpolnjeno je
- Oče, v Tvoje roke izročam Svojega duha

Sporočilo Križa

Jezus je govoril: „Oče, odpústi jim, saj ne vedo, kaj delajo."... (34. odlomek)

... In govoril je: „Jezus, spomni se me, ko prideš v Svoje kraljestvo!" In On mu je rekel: „Resnično, povem ti: Danes boš z Menoj v raju." Bilo je že okrog šeste ure, ko se je stemnilo po vsej deželi do devete ure, ker sonce ni dajalo svetlobe. Zagrinjalo v templju se je pretrgalo po sredi. Jezus je zaklical z močnim glasom in rekel: „Oče, v Tvoje roke izročam Svojega duha." In ko Je to rekel, Je izdihnil. (odlomek 42-46)

Luke 23:34, 42-46

Ko se bliža smrt, se večina ljudi spominja svojega življenja, nakar svojcem in prijateljem namenijo svoje zadnje besede.

In ravno tako je tudi Jezus postal meso, po Božji previdnosti prišel na ta svet, izrekel sedem besed na križu in nato izdihnil. Tem besedam pravimo „sedem zadnjih Jezusovih besed na križu."

No, pa si poglejmo duhovni pomen teh sedmih Jezusovih besed na križu.

Oče, odpusti jim!

Avtor pisma Filipljanom Jezusa opisuje z naslednjimi besedami:

> *To mislite v sebi, kar je tudi v Kristusu Jezusu. Čeprav Je bil namreč v podobi Boga, se ni ljubosumno oklepal svoje enakosti z Bogom, ampak je Sam Sebe izpraznil tako, da Je prevzel podobo služabnika in postal podoben ljudem. Po zunanjosti Je bil kakor človek in je Sam Sebe ponižal tako, da Je postal pokoren vse do smrti, in sicer smrti na križu* (Filipljanom 2:5-8).

S križanjem je Jezus pokazal Svojo ljubezen in pokornost do Boga, zato da bi grešnikom odprl vrata odrešenja. Ljudje so stali ob križu in se skupaj z voditelji norčevali iz Jezusa: *„Druge Je rešil, naj reši Sebe, če je On Božji Mesija in Izvoljenec"* (Luka 23:35).

Tudi vojaki so se Mu posmehovali in ponujali vino, rekoč: *„Če Si judovski kralj, reši Samega Sebe!"* (37. odlomek) Eden od hudodelcev, ki sta visela na križu, Ga je preklinjal in Mu govoril: *„Ali nisi Ti Mesija? Reši Sebe in naju!"* (39. odlomek)

> *In ko so prišli na kraj, ki se imenuje Lobanja, so tam križali Njega in oba hudodelca, enega na desnici in enega na levici. Jezus je govoril: „Oče, odpústi jim, saj ne vedo, kaj delajo." Ko so si delili Njegova oblačila, so zanje žrebali* (Luka 23:33-34).

Jezus je molil k Bogu in prosil za njihovo odpuščenje: „Oče, odpústi jim, saj ne vedo, kaj delajo," nato pa izdihnil Svoj zadnji dih. Prosil je Očeta, naj izkaže usmiljenje in odpuščanje tistim, ki niso vedeli, da bo On, ki je Božji Sin, umrl za njihove grehe. Morda se res niso niti zavedali, da so njihova dejanja greh. To je bila Njegova prva beseda na križu.

Jezus je molil za tiste, ki so Ga križali

Jezus, Božji Sin, je molil za ljudi, ki so Ga križali, pa čeprav ni imel ne napake ne madeža. Kako globoka in velika je Njegova ljubezen! Zlahka bi namreč stopil s križa in se izognil križanju, kajti On je eno z vsemogočnim Bogom in pooblaščen od Boga Očeta. Toda sprejel Je križ, zato da bi sledil Božji volji in izpolnil načrt odrešenja. Prenašal Je vso trpljenje in zaničevanje, z ljubeznijo molil zanje ter prosil za njihovo odpuščenje.

Jezus je goreče molil: „Oče, odpústi jim, saj ne vedo, kaj delajo." Beseda „jim" se tukaj ne nanaša samo na tiste, ki so Ga križali in zasmehovali, temveč vključuje vse ljudi, ki ne prejmejo Jezusa Kristusa v svoje srce in še naprej živijo v temi. Kajti tako kot ljudje, ki so križali Jezusa, Božjega Sina, tako je še danes veliko takšnih, ki ne poznajo Jezusa Kristusa in resnice.

Vaš sovražnik hudič pripada temi in sovraži luč, zato je tudi križal Jezusa, ki je resnična luč. Hudič ima danes oblast nad tistimi, ki pripadajo temi, in jih spodbuja k preganjanju tistih, ki hodijo v luči.

Kako naj obravnavamo preganjalce, ki ne poznajo resnice?

Skozi prvo besedo na križu nas Jezus uči, kaj narekuje Božja volja in kakšen odnos moramo imeti kot kristjani. V Mateju 5:44 piše: *„Jaz pa vam pravim: Ljubíte svoje sovražnike in molíte za tiste, ki vas preganjajo."* Potemtakem moramo moliti za tiste, ki nas preganjajo, in govoriti: „Oče, odpústi jim, saj ne vedo, kaj delajo. Blagoslovi jih, da bodo tudi oni prejeli Gospoda in da jih bomo ponovno srečali v nebesih."

Danes boš z menoj v raju

Ko so Jezusa pribili na križ na kraju, ki se imenuje Golgota, kar pomeni „kraj lobanje", so ob Njem križali še dva hudodelca

(Luka 23:33).
Prvi Ga je preklinjal, drugi pa grajal tega prvega hudodelca, se kesal in sprejel Jezusa za svojega odrešenika. Nato mu je Jezus obljubil, da bo kmalu ob Njem v raju. To je bila Jezusova druga beseda na križu.

> *Eden od hudodelcev, ki sta visela na križu, Ga je preklinjal in Mu govoril: „Ali nisi Ti Mesija? Reši Sebe in naju!" Drugi pa mu je odgovoril in ga grajal: „Ali se ti ne bojiš Boga, ko si v isti obsodbi? In midva po pravici, kajti prejemava primerno povračilo za to, kar sva storila; ta pa ni storil nič hudega." In govoril je: „Jezus, spomni se me, ko prideš v Svoje kraljestvo!" In On mu je rekel: „Resnično, povem ti: Danes boš z Menoj v raju"* (Luka 23:39-43).

Jezus se je razglasil za Mesijo, ki odpušča grešnikom, ko se le ti pokesajo, in jih tudi odreši skozi Svojo drugo besedo s križa.

Pri branju štirih evangelijev spoznamo, da je odziv hudodelcev zapisan na dva različna načina. Matej 27:44 pravi: *„Enako sta Ga sramotila tudi razbojnika, ki sta bila z Njim križana."* Marko 15:32 pa dodaja: *„,Mesija, Izraelov Kralj, naj zdaj stopi s križa, da bomo videli in verovali!' Tudi ona dva, ki sta bila križana z Njim, sta Ga sramotila."* V teh dveh evangelijih lepo piše, da sta oba hudodelca sramotila Jezusa.

Po drugi strani pa v 23. poglavju evangelija po Luku beremo, da je drugi hudodelec grajal prvega, se pokesal svojih grehov, sprejel Jezusa Kristusa in bil rešen. Toda to ne pomeni, da evangeliji med seboj niso skladni, ampak da je Bog v Svoji previdnosti avtorjem dovolil pisati po svoji lastni presoji. Vedeti morate, da je Sveto pismo zelo redkobesedno, ko gre za Božjo previdnost in zgodovinske elemente, kajti če bi bile opisane vse podrobnosti, bi bilo premalo tudi tisoč Svetih pisem.

Ko danes ujamete kak dogodek s kamero, si ga lahko kasneje ponovno ogledate, medtem pa v Jezusovem času ni bilo tovrstne opreme, zato niso mogli posneti niti ene same fotografije, pa čeprav je šlo za zelo pomembne dogodke. O dogodkih so lahko samo pisali. Toda ravno te majhne razlike v besedilu nam omogočajo bolj realistično in pristnejšo podoživetje določenega dogodka.

Za boljše razumevanje Jezusovega križanja

Ko je Jezus oznanil evangelij, Mu je začelo slediti ogromno ljudi. Nekateri so želeli slišati Njegovo sporočilo, nekateri videti čudeže in znamenja iz nebes, spet drugi so želeli hrano, eni pa so celo prodali vso svoje premoženje, da bi lahko služili in sledili Jezusu.

V 9. poglavju evangelija po Luku je Jezus blagoslovil pet hlebov in dve ribi, s čimer se je nato nasitilo okoli pet tisoč mož (Luka 9:12-17). Predstavljajte si, kakšna množica ljudi, vključno s tistimi, ki so ljubili ali sovražili Jezusa, se je morala zbrati na kraju Njegovega križanja. Množica je obkrožila križ, katerega so varovali vojaki s sulicami in ščiti. Predstavljajte si ljudi okrog križa, kako kričijo na Jezusa in Ga sramotijo. Preklinjala sta Ga tudi oba hudodelca, ki sta bila pribita na križ ob Jezusu.

Le kdo bi lahko slišal besede prvega hudodelca? Zagotovo je bilo zelo hrupno, zato so Ga lahko slišali le tisti, ki so stali v neposredni bližini. Drugi hudodelec je z mrkim obrazom govoril proti Jezusu. Toda ta je v resnici grajal prvega hudodelca, ki je preklinjal Jezusa. Tisti, ki so stali povsem na drugi strani, so gotovo dobili vtis, da ta kesajoči se hudodelec graja Jezusa, ki je visel med obema hudodelcema.

Na eni strani sta pisca Matejevega in Markovega evangelija v tem hrupnem ozračju, v katerem ni bilo moč slišati kesajočega se hudodelca, mislila, da ta graja Jezusa, zato sta zapisala, da sta oba hudodelca grajala Jezusa.

Na drugi strani pa je pisec evangelija po Luku jasno slišal njune besede, zato je dobro vedel, da eden od njiju ni grajal Jezusa, pač pa se kesal. Različni pisci so tako s svoje perspektive opisali svoje različno videnje.

In Bog, ki vse ve, jim je dovolil pisati na različne načine, zato da bi kasnejše generacije pridobile bolj jasno sliko posameznih dogodkov.

Nebeški prostor za skesanega hudodelca

Skesanemu hudodelcu je Jezus na križu obljubil naslednje: „Danes boš z menoj v raju." Te besede imajo globok duhovni pomen.

Prostranost nebes, Božjega kraljestva, namreč presega domišljijo. To potrjuje tudi Jezus v Janezu 14:2: „*V hiši Mojega Očeta je veliko bivališč. Če bi ne bilo tako, ali bi vam rekel: Odhajam, da vam pripravim prostor?*" Medtem pa nas psalmist spodbuja: „*Hvalite Ga, nebes nebesa, ve vode, ki ste nad nebom!*" (Psalmi 148:4). Nehemija 9:6 hvali Boga, ki je ustvaril nebesa, vključno z najvišjimi nebesi. Drugo pismo Korinčanom 12:2 pa dodaja: „*Vem za človeka v Kristusu. Pred štirinajstimi leti je bil vzet do tretjih nebes – ali v telesu, ne vem, ali brez telesa, ne vem, to ve Bog.*" Razodetje 21:2 opisuje Novi Jeruzalem, kjer se nahaja Božji prestol.

V nebesih je torej veliko različnih bivališč, vendar pa nam ni dovoljeno izbrati svoj prostor za bivanje. Bog pravičnosti nagrajuje vsakega od nas v skladu z našimi dejanji na tem svetu: do te mere, do katere posnemamo srce Gospoda, delamo za Božje kraljestvo, nabiramo zaklade v nebesih, in tako naprej (Matej 11:12; Razodetje 22:12).

Janez 3:6 pravi: „*Kar je rojeno iz mesa, je meso, in kar je rojeno iz Duha, je duh.*" Nebeška bivališča bodo razdeljena na skupine glede na duhovni nivo, zato bo vse odvisno od tega, v kolikšni meri se nekdo osvobodi mesenih stvari in postane duhovna oseba.

Seveda so vsi nebeški prostori čudoviti, saj vendar v njih vlada Bog, še vedno pa obstajajo razlike znotraj nebes. Tako kot obstaja velika razlika med mestom in podeželjem, ko govorimo o načinu življenja, hobijih, življenjskem standardu in podobnih stvareh, tako je sveto mesto, Novi Jeruzalem, najbolj veličasten prostor v nebesih, kjer se nahaja Božji prestol in kjer bivajo tisti otroci, ki so najbolj podobni Bogu.

Raj, v katerem biva ta hudodelec, ki se je pokesal tik pred smrtjo na križu, pa se dejansko nahaja na obrobju nebes. To je kraj, kjer živijo tudi številni drugi, ki so prejeli sramotno odrešenje. Ti ljudje so prejeli Jezusa Kristusa, vendar pa niso stopili naprej, da bi dosegli duhovno preobrazbo.

Zakaj je bil skesani hudodelec poslan v raj?

Spovedal se je svojih grehov in sprejel Jezusa za svojega Odrešenika. Toda v resnici se ni očistil grehov, ni živel po Božji besedi in nikoli ni oznanjal evangelija drugim. Nikoli ni služil Gospodu in ni pridobil nobenega nebeškega zaklada. Zato je bil poslan v raj, ki velja za najbolj skromen prostor v nebesih.

Jezusov spust v Nadzemlje

Čeprav je Jezus hudodelcu obljubil, da bo še danes z Njim v raju, pa to ne pomeni, da Jezus v nebesih živi samo v raju. Jezus, Kralj kraljev in Gospod gospodov, vlada in biva z Božjimi otroci v vseh nebesih, vključno z rajem in Novim Jeruzalemom. Tako Jezus biva v raju in vseh drugih prostorih znotraj nebes.

Ko je Jezus rekel hudodelcu: „Danes boš z menoj v raju,“ se beseda „danes“ ne nanaša na dan Jezusove smrti na križu, niti na kak drug specifičen dan. Jezus mu je sporočil le, da bosta od trenutka, ko bo postal Božji otrok, oba skupaj v nebesih, kjerkoli se bo že hudodelec nahajal.

Sveto pismo nas uči, da Jezus po Svoji smrti ni odšel v raj. V Mateju 12:40 Jezus reče skupini farizejev: *„Kakor je bil namreč Jona v trebuhu velike ribe tri dni in tri noči, tako bo tudi Sin človekov v osrčju zemlje tri dni in tri noči.“* Pismo Efežanom 4:9 pravi: *„Kaj pa pomeni beseda Povzpel se Je, če ne to, da se Je prej spustil v spodnje kraje zemlje?“*

Prvo Petrovo pismo 3:18-19 pa dodaja: *„Sicer pa je tudi*

Kristus trpel zaradi grehov, in sicer enkrat za vselej, pravični za krivične, da bi vas pripeljal k Bogu. Res Je bil po mesu umorjen, a po Duhu Je bil oživljen. V tem Duhu Je šel in oznanjal tudi duhovom, ki so bili v ječi." Preden je bil na tretji dan obujen, je Jezus obiskal Nadzemlje in tam oznanil evangelij duhovom. Čemu je bilo to potrebno?

Pred Jezusovim prihodom številni ljudje v času Stare in tudi Nove zaveze niso imeli možnosti slišati evangelija, a so vseeno imeli dobro srce in so sprejemali Boga. Mar to pomeni, da so vsi odšli v pekel, ker niso vedeli za Jezusa?

Bog je poslal Svojega edinega Sina na ta svet in kdor Ga prejme, ta bo rešen. Toda Bog ni začel z vzgojo človeštva, da bi rešil zgolj tiste, ki so prejeli Jezusa Kristusa, odkar je bil Ta križan. Tistim, ki niso imeli možnosti slišati evangelija, a so živeli z dobro vestjo, bo namreč sojeno po njihovi vesti.

Na eni strani se torej ljudje z dobrim srcem zbirajo v Nadzemlju, na drugi strani pa imamo Podzemlje, ki se drugače imenuje tudi Hades, v katerem bodo živele pokvarjene duše vse do sodnega dne. Po križanju je Jezus obiskal Nadzemlje in oznanil evangelij tamkajšnjim duhovom, ki niso poznali evangelija, vendar so živeli z dobro vestjo in so bili vredni odrešenja.

Ljudem pod nebom ni dano nobeno drugo ime, razen Jezusa Kristusa, po katerem se moramo rešiti. In ravno zato je Jezus pridigal duhovom o Sebi, zato da bi Ga lahko prejeli in bili rešeni.

Sveto pismo pravi, da so rešeni duhovi iz obdobja pred Jezusovim križanjem odneseni v Abrahamovo naročje, tisti iz obdobja po Njegovem križanju pa v Jezusovo naročje.

Odrešenje skozi sodbo vesti

Preden je Jezus prišel na ta svet, da bi širil evangelij, so se dobri ljudje ravnali po pravičnosti v svojih srcih. Temu pravimo postava vesti. Dobri ljudje niso postali zlobni niti kadar so se znašli v težavah, saj so poslušali glas svojega srca.

Pismo Rimljanom 1:20 pravi: *„Kajti od stvarjenja sveta naprej je mogoče to, kar je v Njem nevidno, z umom zreti po ustvarjenih bitjih: Njegovo večno mogočnost in božanskost. Zato so ti ljudje neopravičljivi."*

V luči opazovanja vesolja in harmonije na zemlji so ljudje dobrega srca prepričani v obstoj večnega življenja. Ravno zato tudi ne živijo po svoji grešni naravi ter se v strahu pred Bogom ne predajajo užitkom sveta.

Pismo Rimljanom 2:14-15 pravi: *„Kajti kadar pogani, ki nimajo postave, po naravi izpolnjujejo to, kar veleva postava, so sami sebi postava, čeprav so brez postave. Ti dokazujejo, da je delo postave zapisano v njihovih srcih: o tem priča tudi njihova vest in misli, ki se medsebojno obtožujejo ali pa zagovarjajo."*

Bog je dal postavo Izraelcem, ne pa tudi poganom. Toda kadar pogani sledijo svoji vesti in postavi v svojem srcu, takrat dejansko živijo v skladu z Božjo postavo. Zato nikakor ne drži, da kdor ni veroval v Jezusa Kristusa, ne more biti rešen, ker pač nikoli v življenju ni slišal evangelija.

Med tistimi umrlimi, ki niso nikoli spoznali Jezusa Kristusa, je bilo tudi veliko takšnih, ki so se zaradi svojega čistega srca uspešno ubranili pred hudobnimi mislimi. Ti ljudje bodo rešeni skozi Božjo sodbo njihove vesti.

Žena, glej, tvoj sin! Glej, tvoja mati!

Apostol Janez je opisal, kar je videl in slišal, ko je Jezus visel na križu. Poleg Jezusovega križa je stalo veliko žena, vključno z Marijo, Jezusovo materjo; Salomo, Marijino sestra; Marijo Klopajevo in Marijo Magdaleno. V Janezu 19:26-27 Jezus reče Svoji materi Mariji, naj sprejme Janeza za svojega sina, Janezu pa, da naj skrbi zanjo kot za svojo mater.

> *Ko je Jezus videl Svojo mater in zraven stoječega učenca, katerega je ljubil, je rekel materi: „Žena, glej, tvoj sin!" Potem Je rekel učencu: „Glej, tvoja mati!" In od tiste ure jo je učenec vzel k sebi.*

Zakaj je Jezus rekel Mariji „žena", ne „mati"?

Beseda „mati" ni prišla iz Jezusovih ust, temveč jo je zapisal apostol Janez s svoje perspektive. Toda zakaj jo je Jezus imenoval „žena", ko pa je v resnici bila Njegova mati?

V Svetem pismu Jezus Svoje matere nikoli ni imenoval „mati."

Na primer v Janezu 2:1-11, kjer je Jezus naredil Svoje prvo znamenje, ko Je spremenil vodo v vino. To znamenje se je zgodilo na svatbi v galilejski Kani, kamor je bil povabljen tudi Jezus s

Svojimi učenci. Ko je vino pošlo, je Marija rekla Jezusu: „Vina nimajo," saj je dobro vedela, da lahko Jezus kot Božji Sin spremeni vodo v vino. Jezus ji je dejal: *„Kaj imam s teboj, žena? Moja ura še ni prišla"* (4. odlomek).

Jezus je odgovoril, da še ni pravi čas, da bi se razodel kot Mesija, pa čeprav je Mariji skrbelo za goste, ki so ostali brez vina. Spreminjanja vode v vino v duhovnem smislu pomeni, da bo Jezus prelil Svojo kri na križu.

In šele s tem dejanjem, ko Je na križu izpolnil božanski načrt odrešenja človeštva, je Jezus razglasil, da Je prišel na ta svet kot naš Odrešenik. Zato je Mariji rekel „žena", ne „mati."

Poleg tega je naš Odrešenik Jezus troedini Bog in Stvarnik. Bog Stvarnik je *„JAZ SEM, KI SEM"* (Eksodus 3:14), in On je Prvi in Zadnji (Razodetje 1:17, 2:8). Potemtakem Jezus nima matere in zato ji je rekel „žena", ne „mati."

Številni Božji otroci danes slavijo Marijo kot Jezusovo „sveto mater", oziroma izdelujejo in častijo Marijine podobe. Toda vedite, da je to popolnoma narobe, saj Marija ni mati našega Odrešenika (Eksodus 20:4).

Nebeško državljanstvo

Jezus je potolažil Marijo, ki je zaradi Njegovega križanja prestajala hudo stisko, in naročil Svojemu ljubljenemu učencu Janezu, naj skrbi zanjo kot za svojo mater. Četudi je na križu trpel neznosno bolečino, Ga je kljub temu močno skrbelo, kaj se bo zgodilo z Marijo po Njegovi smrti. V tem lahko doživimo Njegovo ljubezen.

Jezusova tretja beseda na križu nas vodi do spoznanja, da smo v veri vsi bratje in sestre, združeni v Božjo družino. 12. poglavje Matejevega evangelija opisuje prizor, v katerem Jezusa obišče Njegova družina. Ko so Mu povedali, da zunaj stojijo Njegova mati in Njegovi bratje, je Jezus nagovoril množico:

> *On pa je tistemu, ki Mu je to povedal, odgovoril in dejal: „Kdo je Moja mati in kdo so Moji bratje?" In pokazal je na Svoje učence ter rekel: „Glejte, to so Moja mati in Moji bratje. Kdor koli namreč uresničuje voljo Mojega Očeta, ki je v nebesih, ta je Moj brat, sestra in mati"* (Matej 12:48-50).

Ko prejmete Jezusa Kristusa, začne vaša vera rasti, vaš občutek po nebeškem državljanstvu postaja vse jasnejši, svoje brate in sestre v veri pa začnete bolj ljubiti kot svoje biološke družinske člane. In v kolikor vaši družinski člani niso Božji otroci, vaša „družina" seveda ne bo ostala skupaj za vselej, saj bo smrt prekinila vaše družinske vezi. Če ne verujejo v Jezusa Kristusa in ne živijo po Božji volji, potem bodo odšli v pekel, četudi prisegajo vero v Boga, kajti plačilo za greh je smrt (Matej 7:21).

Po smrti se vaše telo povrne v prah, vaš duh pa je nesmrten. Če Bog vzame vašega duha, boste samo še truplo, ki bo kmalu razpadlo. Bog Stvarnik je izoblikoval prvega človeka iz prahu in v njegove nosnice dahnil življenjski dih. Njegov duh je tako postal nesmrten. Bog je tisti, ki vam podarja nesmrtnega duha, kot tudi meso, ki se povrne v prah. On je torej vaš pravi Oče.

Matej 23:9 nas uči: „*Tudi na zemlji nikomur ne pravite oče, kajti eden je vaš Oče, Ta, ki je v nebesih.*" To pa še ne pomeni, da ne smete ljubiti nevernikov znotraj vaše družine. Pravzaprav je zelo pomembno, da jih resnično ljubite, jim oznanjate evangelij ter jih popeljete k Jezusu.

Eloi, Eloi, Lama Sabachthani?

Jezus je bil križan ob tretji uri, nakar se je med šesto in deveto uro stemnilo po vsej zemlji, dokler ni Jezus izdihnil. Če to pretvorimo v sodobno pojmovanje časa – Jezus je bil križan ob deveti uri zjutraj in tri ure zatem, točno opoldne, je svet prekrila tema, ki je vztrajala vse do tretje popoldanske ure.

> *Ko je prišla šesta ura, se je stemnilo po vsej deželi do devete ure. Ob deveti uri pa je Jezus zavpil z močnim glasom: „Eloí, Eloí, lemá sabahtáni?" kar v prevodu pomeni: „Moj Bog, Moj Bog, zakaj Si Me zapustil?"* (Marko 15:33-34)

Šest ur kasneje, ob deveti uri, je Jezus zavpil k Bogu: „Eloi, Eloi, lama Sabachthani?" To je bila Jezusova četrta beseda na križu.

Jezus je bil izmučen, kajti ob močnem soncu je polnih šest ur visel na križu in prelival Svojo kri in vodo. Povsem Je bil izčrpan. Toda zakaj Je zavpil k Bogu?

Vsaka od sedmih Jezusovih besed na križu nosi duhovni pomen, in če jih ljudje ne bi razločno slišali, bi bile zaman.

Sedem besed je moralo biti zelo jasno zapisanih v Sveto pismo, zato da bo vsak razumel Božjo voljo.

Jezus je na vso moč zavpil teh sedem besed, zato da bi jih ljudje ob križu razločno slišali in jih zabeležili.

Nekateri pravijo, da naj bi Jezus zavpil iz zamerljivosti do Boga, ker je moral priti na ta svet v mesu in zaman trpeti. Vendar to nikakor ne drži.

Zakaj je Jezus zavpil: „*Eloi, Eloi, Lama Sabachthani?*"

Jezus je prišel na zemljo, da bi uničil hudičeva dela in odprl vrata odrešenja za vse nas.

Zato je Jezus tako zvesto izpolnjeval Božjo voljo in tudi žrtvoval Svoje življenje. Preden Je bil križan, Je še bolj goreče molil in Njegov pot je postal kakor kaplje krvi, ki padajo na zemljo (Luka 22:42-44). Prevzel Je breme naše krivde, čeprav se Je dobro zavedal, koliko trpljenja Bo prestal na križu.

Prenašal Je trpinčenje in prezir na križu, saj Je poznal Božji načrt za človeštvo. Zakaj bi potem Jezus pred smrtjo gojil zamere? Njegovo vpitje ni bilo vzdih bridkosti ali očitkov do Boga. Jezus je imel več razlogov za Svoje vpitje.

Prvič – Jezus je želel vsemu svetu razglasiti, da sprejema križ, zato da bi odkupil vse grešnike tega sveta.

Jezus je želel, da bi vsi razumeli, da Je vso Svojo slavo pustil v nebesih in bil zapuščen od Boga, pa čeprav Je bil eden in edini Božji Sin. In zavpil Je, da bi vsi vedeli, kako veliko bolečino prestaja na križu, zato da bi rešil in odkupil grešnike. Sveto pismo nam razkriva, kako je Jezus Boga vedno klical „moj Oče", na križu pa Mu Je rekel „moj Bog." To pa zato, ker je Jezus sprejel križ na račun grešnikov, ti pa Boga ne morejo klicati „Oče."

V tistem trenutku je Bog onečastil Jezusa kot grešnika, ki nosi grehe vsega človeštva, zato si Jezus Boga ni drznil poklicati „Oče." Ravno tako tudi vi Boga kličete „Aba, Oče", kadar med vami in Bogom vlada obojestranska ljubezen, in „Bog" namesto „Oče", kadar ste zaradi grehov ali šibke vere oddaljeni od Njega.

Bog želi, da bi vsi ljudje postali pravi Božji otroci, ki Ga lahko kličejo „Oče", potem ko sprejmejo Jezusa Kristusa in hodijo v luči.

Drugič – Jezus je želel posvariti tiste ljudi, ki niso poznali Božje volje in so še naprej živeli v temi.

Bog je poslal Svojega edinega Sina Jezusa Kristusa na ta svet ter dopustil, da Je bil zaničevan in križan s strani Njegovih lastnih stvaritev. Jezus je vedel, zakaj Je bil zapuščen od Boga, medtem ko množica, ki Ga je križala, ni razumela Božje volje. Zavpil Je: „Moj Bog, Moj Bog, zakaj Si Me zapustil?" S tem Je želel nevednežem pokazati Božjo ljubezen, zato da bi se pokesali in se vrnili nazaj na pot odrešenja.

Žejen sem

V Stari zavezi najdemo veliko prerokb o Jezusovem trpljenju na križu. Psalmi 69:21 govorijo: „*V hrano so mi dali strupa, za mojo žejo so me napajali s kisom."* Ko je Jezus rekel: „Žejen Sem," so ljudje nataknili z vinskim kisom namočeno gobo na hizop in Mu jo podali k ustnicam.

Nato je Jezus, ker Je vedel, da je že vse izpolnjeno, in da bi se izpolnilo Pismo, rekel: „Žejen Sem." Tam je stala posoda, polna kisa. V kis namočeno gobo so nataknili na hizop in Mu jo podali k ustnicam (Janez 19:28-29).

Psalmist je že veliko pred rojstvom Jezusa Kristusa v mestu Betlehem doživel videnje, kako bo Jezus križan in umrl na križu. Jezus je rekel: „Žejen Sem," zato da bi se izpolnilo Sveto pismo.

V nadaljevanju si oglejmo duhovni pomen Jezusove pete besede na križu, ki se glasi „Žejen Sem."

Jezus je priznal Svojo duhovno žejo

Ljudje lahko prenašamo lakoto, ne pa tudi žeje. Jezus je bil ves izmučen, saj je ob močnem soncu polnih šest ur visel na križu in prelival Svojo kri in vodo. Njegova žeja je bila nepredstavljiva.

To pa še ne pomeni, da Jezus ni mogel prenašati Svoje žeje, ko Je rekel: „Žejen Sem." Dobro Je namreč vedel, da se bo kmalu v miru vrnil k Bogu.

Pravzaprav Mu je duhovna žeja povzročala večjo bolečino kot fizična žeja. Jezusova velika prošnja do Božjih otrok se glasi: „Žejen Sem, kajti prelil Sem Svojo kri. Plačajte za Mojo kri in potešili boste Mojo žejo."

Od Jezusove smrti na križu je minilo že dva tisoč let, toda Jezus nam še danes govori, da Je žejen. Njegovo žejo je povzročilo prelitje Njegove krvi, ki ga Je prestal, da bi odkupil naše grehe in nam omogočil večno življenje.

Jezus nam poudarja Svojo žejo zato, da bi nam pokazal, da Je voljan rešiti vse izgubljene duše. Toda vsi tisti Božji otroci, ki ste rešeni z Jezusovo krvjo, morate to Njegovo kri poplačati.

To pa storite tako, da ljudi, ki so skrenili na pot proti peklu, pripeljete na pot, ki vodi v nebesa.

Zatorej morate biti hvaležni Jezusu, ki Je prelil Svojo kri, in potešiti morate Njegovo žejo, tako da usmerite kar največ ljudi na pot odrešenja.

Izpolnjeno je

V Janezu 19:30 je Jezus dobil piti in Je rekel: *"Izpolnjeno je"*, nakar Je nagnil glavo in izročil Svojega duha. Jezus je sprejel z vinskim kisom namočeno gobo, vendar ne zato, ker ne bi mogel prenašati žeje, pač pa ima to Njegovo dejanje poseben duhovni pomen.

Jezus je prišel na ta svet v mesu, da bi bil križan za grehe človeštva. V Svoji veliki ljubezni do nas Je izpolnil zakon Stare zaveze in Nase prevzel vse grehe in prekletstva človeštva. V času Stare zaveze so ljudje Bogu darovali živalsko kri za svoje grehe, Jezus pa je s prelitjem Svoje krvi daroval eno samo žrtev za grehe in za vekomaj (Hebrejcem 10:11-12). In tako so vaši grehi odpuščeni, ko prejmete Jezusa Kristusa, kajti On je Tisti, ki vas je odkupil oziroma rešil. V Svetem pismu se „novo vino" nanaša na milost odrešenja skozi Jezusa Kristusa, in On je pil vinski kis, da bi nam dal novega vina.

Duhovni pomen izraza „Izpolnjeno je"

Jezus je rekel: „Izpolnjeno je" in izročil Svojega duha. Kaj to pomeni v duhovnem pogledu?

Jezus je postal meso, prišel na ta svet, oznanjal evangelij, zdravil šibkosti in bolezni, ter s Svojo smrtjo na križu odprl vrata do odrešenja za vse tiste, ki so bili obsojeni na smrt.

Žrtvoval se Je do smrti in tako z ljubeznijo izpolnil zakon Stare zaveze. Poleg tega je v celoti premagal hudiča oziroma uničil njegova dela. Tako Je izpolnil božanski načrt za odrešenje človeštva. In ravno zato je Jezus na križu rekel: „Izpolnjeno je."

Bog si želi, da Njegovi otroci izpolnjujejo vse naloge in živijo v skladu z Božjo voljo, tako kot je Njegov edini Sin Jezus izpolnil načrt odrešenja, ko Je ubogal Očeta in žrtvoval Svoje življenje, ker je bilo to v skladu z Njegovo voljo in načrtom.

Zato morate najprej posnemati srce Gospoda, tako da pridobite duhovno ljubezen: obrodite devet sadov Svetega Duha (Galačanom 5:22-23) in osvojite osmero blagrov (Matej 5:3-10). Poleg tega morate zvesto opravljati delo, ki vam ga je naložil Gospod. Po svojih najboljših močeh morate usmerjati ljudi h Gospodu, in sicer skozi gorečo molitev, oznanjevanje evangelija ter služenje cerkvi.

Resnično upam, da bo vsak od vas dragocenih Božjih otrok, premagal posvetni svet s trdno vero, hrepenenjem po nebesih in z ljubeznijo do Boga, ter rekel: „Izpolnjeno je", potem ko bo sledil Bogu in Njegovi volji, tako kot nam je to pokazal Jezus Kristus.

Oče, v Tvoje roke izročam Svojega duha

Do trenutka, ko Je na križu izgovoril Svoje zadnje besede, je bil Jezus povsem izmučen. Takrat Je zaklical z močnim glasom: „Oče, v Tvoje roke izročam Svojega duha."

> *Jezus je zaklical z močnim glasom in rekel: „Oče, v Tvoje roke izročam Svojega duha." In ko Je to rekel, Je izdihnil* (Luka 23:46).

Verjetno ste opazili, da je Jezus rekel Bogu „Oče" in ne „Moj Bog". To nam daje vedeti, da je Jezus v tistem trenutku izpolnil Svoje poslanstvo kot spravna daritev.

Jezus je Bogu izročil Svojega duha in dušo

Zakaj je Jezus, ki Je prišel na zemljo kot naš Odrešenik, izročil Svojega duha in dušo v Očetove roke?

Človek je sestavljen iz duše, duha in telesa (1 Tesaloničanom 5:23). Duša in duh po smrti zapustita telo in se — ko gre za Božjega otroka — vrneta nazaj na Božjo stran, v nasprotnem primeru pa v pekel (Luka 16:19-31). Njegovo telo pokopljemo in se vrne v prah.

Jezus, Božji Sin, Je postal meso in stopil na ta svet. Tudi On je, tako kot mi, imel duha, dušo in telo. Ko Je bil križan, je Njegovo telo umrlo, ne pa tudi Njegova duša in duh, ki ju Je izročil v Božje roke.

Po smrti Bog prejme vašega duha in dušo. V kolikor pa prejme duha brez duše, ne boste nikoli občutili prave sreče v nebesih, niti ne boste hvaležni iz dna svojega srca. Kako to? Ne boste se namreč spominjali stvari, ki izvirajo iz vaše duše, kot so žalost, nesreča, trpljenje in vse drugo, kar ste prestali na tej zemlji. To je razlog, zakaj Bog prejme tako duha kot tudi dušo.

Toda zakaj je potem Jezus izročil Svojega duha in dušo v Božje roke? Zato, ker je Bog Stvarnik, ki vlada vsemu vesolju in skrbi za vaše življenje, smrt, prekletstvo in blagoslov. Vse torej pripada Bogu in je pod Njegovo oblastjo. Bog je Edini, ki usliši vaše molitve. In zato je moral tudi Jezus moliti, da bi Svojega duha in dušo izročil k Očetu Bogu (Matej 10:29-31).

Jezus je molil z močnim glasom

Zakaj je Jezus navkljub strahovitemu trpljenju molil z močnim glasom, rekoč: „Oče, v Tvoje roke izročam Svojega duha"?

To Je storil zato, ker Je želel ljudem sporočiti, da je molitev na ves glas v skladu z Božjo voljo. Njegova molitev za izročitev Njegovega duha k Bogu je bila tako goreča kot Njegova molitev na vrtu Getsemani, preden so Ga prijeli.

Poleg tega Jezusove besede: „Oče, v Tvoje roke izročam Svojega duha," potrjujejo, da je Jezus izpolnil, kar je narekovala

Božja volja. Tako Je lahko ponosno izročil Svojega duha v Božje roke, potem ko Je opravil Svoje delo v polni poslušnosti do Boga.

Apostol Pavel je priznal: *"Dober boj sem izbojeval, tek dokončal, vero ohranil. Odslej je zame pripravljen venec pravičnosti, ki mi ga bo tisti dan dal Gospod, pravični sodnik. Pa ne le meni, marveč vsem, ki ljubijo Njegovo pojavitev"* (2 Timoteju 4:7-8).

Diakon Štefan je prav tako živel v skladu z Božjo voljo in ohranjal vero, zato je molil in govoril: „Gospod Jezus, sprejmi mojega duha," medtem ko je zajel svoj zadnji dih (Apostolska dela 7:59). Apostol Pavel in Štefan ne bi mogla tako moliti, če bi živela posvetno življenje in iskala zadovoljstvo, ki izvira iz grešne narave.

In tudi vi boste lahko rekli: „Izpolnjeno je" in „Oče, v Tvoje roke izročam Svojega duha," tako kot je to rekel Jezus, če boste živeli izključno samo po Božji volji.

Kaj se je zgodilo po Jezusovi smrti?

Jezus je umrl na križu, še prej pa z močnim glasom zavpil Svoje zadnje besede. Bila je deveta ura (tretja ura popoldne). Četudi je bilo sredi dneva, pa je med šesto (poldan) in deveto uro tema prekrila vso deželo in zagrinjalo v templju se je pretrgalo po sredi (Luka 23:44-45).

In glej, zagrinjalo v templju se je pretrgalo na dvoje od vrha do tal. Zemlja se je stresla in skale so se razpočile. Grobovi so se odprli in veliko teles svetih, ki so zaspali, je bilo obujenih. Po Njegovi obuditvi so šli iz grobov in prišli v sveto mesto ter se prikazali mnogim (Matej 27:51-53).

Fraza „zagrinjalo v templju se je pretrgalo na dvoje od vrha do tal" skriva pomembno duhovno sporočilo. Zagrinjalo v templju je namreč ločilo svetišče od presvetega šotora. Nihče razen duhovnikov ni smel stopiti v svetišče, in samo visoki duhovniki so lahko enkrat na leto stopili v presveti šotor.

Pretrganje zagrinjala v templju pomeni, da se je Jezus daroval kot spravna daritev, da bi porušil zid, sestavljen iz grehov. Preden se je zagrinjalo pretrgalo, so lahko visoki duhovniki v imenu ljudstva darovali daritve za grehe ter jih posredovali Bogu.

Ker pa je Jezusova smrt privedla do porušenja zidu greha, lahko danes gojite neposreden odnos z Bogom. Kdor veruje v Jezusa Kristusa, lahko stopi v svetišče in moli k Bogu brez pomoči visokih duhovnikov ali prerokov.

Zato je avtor pisma Hebrejcem pripomnil: *„Bratje, ker imamo zaupnost, da po Jezusovi krvi stopamo v svetišče, in sicer po novi in živi poti, ki nam jo Je odprl skozi zagrinjalo, to je skozi Svoje meso"* (Hebrejcem 10:19-20).

Zemlja se je stresla in skale so se razpočile. Vsi ti nenaravni dogodki pričajo o tem, da je pretreslo vso naravo tega sveta. Šlo je za izbruh Božje žalosti, ki jo je povzročila človekova hudobija. Bog je pokazal Svojo veliko žalost, ker je bilo človekovo srce preveč zakrknjeno, da bi prejelo Jezusa Kristusa, in to navkljub temu, da Je zanje dal Svojega edinega Sina.

Grobovi so se odprli in veliko teles svetih, ki so zaspali, je bilo obujenih. To dokazuje resničnost vstajenja, da bo vsakemu, ki veruje v Jezusa Kristusa, odpuščeno in bo znova živel.

Resnično upam, da boste razumeli Gospodovo ljubezen in duhovna sporočila Njegovih zadnjih sedmih besed na križu, zato da boste lahko živeli zmagovito življenje in boste hrepeneli po srečanju z Gospodom.

Sporočilo Križa

8. poglavje

Iskrena vera in večno življenje

- Ta velika skrivnost!
- Lažna priznanja ne vodijo do odrešenja
- Meso in kri Sina človekovega
- S hojo v luči do odpuščenja
- Vera združena z deli je iskrena vera

Sporočilo Križa

„Kdor jé Moje meso in pije Mojo kri, ima večno življenje in Jaz ga bom obudil poslednji dan. Kajti Moje meso je resnična jed in Moja kri resnična pijača. Kdor jé Moje meso in pije Mojo kri, ostaja v Meni in Jaz v njem. Kakor je Mene poslal živi Oče in Jaz živim po Očetu, tako bo tudi tisti, ki Mene jé, živel po Meni."

Janez 6:54-57

Končni cilj verovanja v Jezusa Kristusa in obiskovanja cerkve je odrešitev in pridobitev večnega življenja. Vendar številni ljudje so mnenja, da jim ni treba živeti v skladu z Božjo besedo, ampak bodo rešeni že, če bodo ob nedeljah hodili v cerkev in priznavali svojo vero v Jezusa Kristusa.

Seveda pa, kakor priča pismo Galačanom 2:16: *„Vemo, da človek ni opravičen po delih postave, ampak edinole po veri v Jezusa Kristusa. Zato smo tudi mi začeli verovati v Kristusa Jezusa, da bi bili opravičeni po veri v Kristusa in ne po delih postave, saj nobeno meso ne bo opravičeno po delih postave,"* ne morete biti opravičeni ali vstopiti v nebesa samo z opazovanjem postave od zunaj, še zlasti kadar je vaše srce polno hudobije. Če kar naprej grešite in ne sledite Božji besedi, ne boste imeli osebnega odnosa z Jezusom Kristusom.

Zato se morate zavedati, da zgolj izpovedovanje vere z ustnicami še ni dovolj, da bi bili rešeni. Kri Jezusa Kristusa vas očiščuje grehov in vas bo rešila samo v primeru, če boste hodili v luči in živeli v resnici. Imeti morate iskreno vero združeno z deli (1 Janez 1:5-7).

V nadaljevanju si bomo podrobneje ogledali, kako pridobiti iskreno vero, da bi kot pristni Božji otroci dosegli popolno odrešenje in večno življenje.

Ta velika skrivnost!

Pismo Efežanom 5:31-32 pravi: *"Zaradi tega bo mož zapustil očeta in mater in se pridružil svoji ženi in bosta oba eno meso. Ta skrivnost je velika; Jaz pa pravim: glede Kristusa in glede Cerkve."*

Povsem naravno je, da ko ljudje odrastejo, zapustijo svoje starše in stopijo v zakon s svojo ženo oziroma možem. Toda zakaj je Bog temu rekel velika skrivnost? Če si ta odlomek razlagate in ga razumete dobesedno, ne boste razumeli pomena te "velike skrivnosti"; kadar pa poznate duhovni pomen iz ozadja, vas bo zagotovo prevzelo veselje.

"Cerkev" se tukaj nanaša na Božje otroke, ki so prejeli Svetega Duha. Bog je namreč primerjal odnos med verniki in Jezusom Kristusom z odnosom, ki ga po združitvi gojita mož in žena.

Kako naj potem zapustimo ta svet in postanemo eno z našim ženinom Jezusom Kristusom?

Ko z vero sprejmete Jezusa Kristusa

Ko se je prvi človek Adam uprl Bogu, je grej vstopil v ta svet. Vsi njegovi potomci so postali sužnji greha in otroci sovražnika hudiča, vladarja tega sveta.

Preden ste sprejeli Jezusa Kristusa, ste tudi vi pripadali temu svetu in sovražniku hudiču, ki ima vso moč v svetu teme. To potrjuje tudi Janez 8:44, ki pravi: *"Vi pa ste od svojega očeta, hudiča, in hočete uresničevati njegove želje. On je bil od začetka morilec ljudi in ni obstal v resnici, ker v njem ni resnice. Kadar govori laž, govori iz svojega, ker je lažnivec in oče laži,"* ter 1 Janez 3:8: *"Kdor pa ravna grešno, je od hudiča, kajti hudič greši že od začetka."*

Ko torej sprejmete Jezusa Kristusa za svojega Odrešenika in pridete k luči, takrat prejmete oblast kot Božji otrok in postanete osvobojeni grehov, saj so vam le-ti oproščeni skozi kri Jezusa Kristusa.

Kadar verujete, da je Jezus Kristus na križu odkupil vse vaše grehe, vas bo Bog nagradil s Svetim Duhom, Ta pa bo rodil duha v vaše srce. Sveti Duh vas poučuje o Božji volji, zato da se boste znali ravnati in živeti znotraj resnice.

Pod vodstvom Božjega Duha tako postanete Božji otrok, Ga kličete *"Aba, Oče"* (Rimljanom 8:14-15) in podedujete Božje kraljestvo.

Kako čudovito in skrivnostno je, da so otroci hudiča, ki so bili nekoč obsojeni na večno smrt, postali Božji otroci, ki bodo skozi vero popeljani v nebesa!

Ko verujete Vanj in postanete eno z Jezusom Kristusom, v vaše srce vstopi Sveti Duh in se združi s semenom življenja. Bog je iz zemeljskega prahu izoblikoval človeka in v njegove nosnice dahnil življenjski dih. Ta življenjski dih je pravzaprav seme življenja oziroma življenje samo. Seme življenja kot takšno ne more nikoli umreti in se je iz roda v roda prenašalo na potomce preko človekovih semenčic in jajčec.

To seme življenja se nahaja znotraj srca. Ko je Bog ustvaril Adama, Je v njegovo srce nasadil modrost duha in modrost življenja. Tako kot mora novorojenček osvojiti znanje tega sveta, da bi postal kulturna oseba, tako mora vsako živo bitje pridobiti modrost življenja, da bi postalo resnično živo bitje, pa čeprav že samo po sebi predstavlja življenje.

Adam je bil nekoč napolnjen izključno samo z modrostjo duha oziroma z resnico. Toda uprl se je Bogu in njegova komunikacija z Bogom je bila prekinjena. Malo po malo je začel izgubljati modrost duha in v njegovo srce se je naselila neresnica.

Človeško srce, ki je bilo dotlej polno resnice, se je tako razdelilo na dva predela: resnico in neresnico. Na primer – Adam je v srcu nosil ljubezen, toda sovražnik hudič je vanj zasadil neresnico imenovano sovraštvo. Posledično je, kot si lahko preberete v četrtem poglavju Geneze, Adamov sin Kajn v svoji zavisti ubil svojega brata Abela.

Sčasoma se je v človeškem srcu izoblikoval nov, tretji predel, ki mu pravimo „narava." Od staršev ste podedovali svoje značilnosti in lastnosti, poleg tega pa vaš um beleži vse, kar vidite, slišite in se naučite. Vse to tvori „naravo" v vašem iskanju resnice.

To naravo pogosto imenujemo tudi „vest", ta pa se v vas izoblikuje na povsem edinstven način, predvsem v odvisnosti od vrste ljudi, ki jih srečujete; vrste knjig, ki jih prebirate; in okoliščin, v katerih ste odraščali. Denimo, kadar govorimo o določenem posamezniku ali dogodku, nekateri ljudje v njem vidijo zlo, drugi pa dobroto.

Posameznikovo srce je torej sestavljeno iz predela resnice, ki pripada Bogu; predela neresnice, ki ga daje satan; ter predela posameznikove narave.

Združitev Svetega Duha in semena življenja znotraj srca

V Adamovem primeru so ti trije predeli objemali seme življenja, ki ga je v njegovo srce zasadil Bog. S tem, ko je Adam jedel z drevesa spoznanja dobrega in hudega, se je namreč izpolnila Božja beseda, ki pravi: „Boš gotovo umrl." Četudi je seme življenja prisotno, je to seme enako mrtvemu semenu, kadar ne opravlja svoje funkcije.

Denimo kadar sejemo semena na polju, ne bodo vsa semena vzklila, saj so nekatera že umrla. Medtem pa bodo živa semena prav gotovo vsa vzklila.

Enako velja za ljudi. Če bi bilo seme življenja, ki je bilo dano od Boga, povsem mrtvo, ga ne bi bilo moč oživeti in nobene potrebe ne bi bilo, da bi Bog ustvaril nebesa in pekel ter žrtvoval Jezusa Kristusa za odrešenje človeštva.

Vendar seme življenja, ki ga je Bog dal človeku, ko Je vanj dahnil življenjski dih, je nesmrtno, in ob prejetju evangelija to seme življenja oživi. Večji ko je predel resnice v vašem srcu, lažje boste sprejeli evangelij. Kdor posluša sporočilo križa in sprejme Jezusa Kristusa, bo prejel Svetega Duha in Ta se bo združil s semenom življenja v njegovem srcu.

Na drugi strani pa ljudje, ki imajo v svojo vest vžgano znamenje, nimajo prostora za evangelij, saj je njihovo srce polno neresnice, ki duši in v celoti prikriva seme življenja v njihovem srcu. Seme življenja, ki je bilo v stanju smrti, namreč pridobi moč in začne opravljati svojo funkcijo, kadar se združi z veliko Božjo močjo oziroma Svetim Duhom.

Da bi postali duhovni človek

Če se udeležujete bogoslužja, uresničujete Božjo besedo in molite, boste deležni Božje milosti in veličastne moči, ki vam bosta omogočili slediti naravi Svetega Duha.

Skozi ta proces bosta vaše srce in vaš duh postala eno, in vaše srce bo čedalje bolj resnično, saj bo iz njega izrinjena neresnica, nastalo praznino pa bo zapolnila resnica. Kadar je posameznikovo srce v celoti napolnjeno z modrostjo duha in resnico, takrat ta oseba postane duh sam, kakor je to bil prvi človek Adam.

Kadar pa ne molite, to dejansko izhaja iz vaše narave, pa četudi dajete vtis vernega človeka. Sveti Duh v vas ne bo mogel roditi duha in še naprej boste meseni človek. Poleg tega ne morete slediti naravi Svetega Duha, v kolikor ne zatrete svojih lastnih misli in argumentov, pa četudi marljivo in dolgo časa molite. In posledično se ne boste razvili v duhovnega človeka.

Sveti Duh vam omogoča razmišljati v skladu z resnico v vašem srcu, kar pomeni, da živite oziroma strežete poželenju Svetega Duha. Na enak način pa deluje tudi satan, ki vas želi zapeljati na pot uničenja oziroma premamiti, da bi sledili mesenim mislim do te mere, koliko neresnice je še ostalo v vašem srcu.

Zato se morate otresti mesenih misli in samopravičnosti, kakor veleva Drugo pismo Korinčanom 10:5: *„Podiramo razmisleke in vsakršno visokost, ki se dviga proti spoznanju Boga, in vsako misel podvržemo poslušnosti Kristusu.“*

Kadar ste poslušni Božji besedi, odgovarjate z „da" in strežete poželenju Svetega Duha, takrat bo vaše srce v celoti napolnjeno z resnico in lahko boste postali popolnoma posvečen duhovni človek.

Prejeli boste vse, kar boste prosili

Z Gospodom postanete eno takrat, ko odvržete vso neresnico; prelomite lastno samopravičnost, tako da skozi Svetega Duha dosežete rojstvo duha; ter očistite svoje srce do te mere, da bo podobno srcu Gospoda Jezusa Kristusa.

Mož in žena postaneta eno meso in spočneta otroka, ko se srečata njuna semenčica in jajčece. Ravno tako, kadar stopite iz tega sveta in postanete eno z ženinom Jezusom Kristusom, bo Sveti Duh v vas spočel duha in kot Božji otrok boste deležni obilo blagoslova.

Pismo Rimljanom 12:3 pravi, da obstajajo različne mere vere, in ljudje prejmemo odgovore v skladu z našo mero vere. Prvo poglavje Janezovega evangelija primerja rast vere s procesom odraščanja človeka.

Tisti, ki sprejmejo Jezusa Kristusa, prejmejo Svetega Duha in so rešeni, imajo vero majhnega otroka (1 Janez 2:12). Tisti, ki poskušajo ponesti resnico v svoja dejanja, imajo vero otroka (1 Janez 2:13). Ko nekoliko odrastejo in dejansko ponesejo resnico v svoja dejanja, imajo vero mladostnika (1 Janez 2:13). In ko dokončno odrastejo, takrat imajo vero očeta (1 Janez 2:13).

V Jobovi knjigi lahko preberemo, kako je Bog Joba označil kot nepokvarjenega in poštenega človeka, a ko je prišel satan in ga preizkušal, je Bog to satanu dopustil. Sprva je Job vztrajal, da je pravičen, a že kmalu je dojel svojo pokvarjenost in se tudi pokesal pred Bogom, ko se je na preizkušnji pokazala hudobija v njegovi naravi. Jobova samopravičnost je bila prelomljena in njegovo srce je postalo čisto in pravično v Božjih očeh. Od takrat naprej ga je Bog blagoslavljal še bolj kot poprej.

Če torej pridobite mero očetove vere, ki velja za najvišjo stopnjo vere, tako da prelomite svojo lastno samopravičnost in postanete eno z Gospodom, boste kot Božji otrok tudi vi prejemali veliko blagoslovov. In prav to vam obljublja Bog v Prvem Janezovem pismu 3:21-22: *„Ljubi, če pa nas naše srce ne obsoja, smo z Bogom zaupni in dobimo od Njega, kar Ga prosimo, ker se držimo Njegovih zapovedi in delamo, kar Mu je všeč."*

Kot Božji otroci boste uživali blagoslove

Na ta način boste postali eno z Jezusom Kristusom do te mere, do katere boste postali duhovna oseba in izpolnjevali Božjo pravičnost.

V Janezu 15:7 Jezus obljublja naslednje: *„Če ostanete v Meni in Moje besede ostanejo v vas, prosíte, kar koli hočete, in se vam bo zgodilo."* V Janezu 17:21 pa dodaja: *„Da bi bili vsi eno, kakor si Ti, Oče, v Meni in Jaz v Tebi, da bi bili tudi oni v Naju, da bo svet veroval, da si Me Ti poslal."*

Če postanete eno z Gospodom, tako da stopite iz tega sveta, kateremu vlada hudičeva moč in tema, boste postali eno z vašim Očetom Bogom. Kakor pravi pismo Galačanom 4:4-7:

Ko pa je nastopila polnost časa, je Bog poslal svojega Sina, rojenega iz žene, rojenega pod postavo, da Bi odkupil tiste, ki so bili pod postavo, da bi mi prejeli posinovljenje. Ker pa ste sinovi, je Bog poslal v naša srca Duha svojega Sina, ki vpije: „Aba, Oče!" Potemtakem nisi več suženj, temveč sin, če pa si sin, si tudi dedič po Bogu.

Tako kot ljudje podedujejo premoženje od staršev, tako vi podedujete Božje kraljestvo, ko sprejmete Jezusa Kristusa in postanete Božji otroci. Hudičevi otroci podedujejo pekel od hudiča, Božji otroci pa podedujejo nebesa od Boga.

Toda vedite, da so tisti, ki skozi Svetega Duha ne dosežejo rojstva duha, obsojeni na pekel, kajti nebesa so čist prostor, napolnjen samo z resnico, zato v kolikor imate dobrega duha in postanete eno z Bogom, boste deležni slave življenja v Božji navzočnosti.

Zato resnično upam, da boste sprejeli Jezusa Kristusa, vašega ženina, in prejeli blagoslov večnega življenja, ter da boste odpravili vso neresnico in samopravičnost iz vašega srca in tako postali eno z Gospodom Jezusom in Očetom Bogom. Na ta način boste dajali vso slavo Bogu.

Lažna priznanja ne vodijo do odrešenja

Ko skozi vero postanete eno z Njim, takrat Jezus Kristus postane vaš resnični ženin, ki vas popelje na pot do večnega življenja in blagoslova. Če ste podobni srcu vašega ženina Jezusa Kristusa in pridobite popolno vero, ne boste zgolj podedovali nebeškega kraljestva, temveč boste v njem tudi sijali kakor sonce.

Ob previdnem branju Svetega pisma nam hitro postane jasno, da nekateri ljudje, ki trdijo, da verujejo v Boga, naposled niso odrešeni. V 25. poglavju Matejevega evangelija najdemo priliko o desetih devicah. Preudarnih pet devic je s seboj vzelo olje in so bile rešene, nespametnih pet pa je bilo pogubljenih.

V Svetem pismo vam Bog jasno govori, kdo bo in kdo ne bo odrešen, četudi vsak od njih prisega svojo vero. Iz tega lahko sklepate, kako morate živeti, da bi prejeli odrešenje.

Matej 7:21 jasno pravi: *„Ne pojde v nebeško kraljestvo vsak, kdor Mi pravi: ‚Gospod, Gospod,' ampak kdor uresničuje voljo Mojega Očeta, ki je v nebesih."* Če Jezusu pravite ‚Gospod, Gospod,' pomeni, da verujete, da Jezus je Kristus. Vendar, zgolj klicanje Gospodovega imena in obiskovanje nedeljske maše še ne prinaša odrešenja.

Hudodelci ne bodo rešeni

V Mateju 13:40-42 Bog govori o sodbi:

> *Kakor torej pobirajo ljuljko in jo sežigajo v ognju, tako bo ob koncu sveta. Sin človekov bo poslal Svoje angele in pobrali bodo iz Njegovega kraljestva vse, kar je v spotiko, in tiste, ki ravnajo nepostavno. Vrgli jih bodo v ognjeno peč. Tam bo jok in škripanje z zobmi.*

Pri žetvi kmetje spravijo žito v kaščo, pleve pa sežgejo z ognjem. Ravno tako nam tudi Bog pravi, da bodo kaznovani vsi tisti, ki ne delajo, kar je dobro v Božjih očeh.

„Vse, kar je v spotiko," se nanaša na tiste, ki trdijo, da verujejo v Boga, vendar pa napeljujejo svoje brate in sestre v veri in jih vodijo do izgube vere. Od tod sledi, da seveda ne boste rešeni, če boste napeljevali ljudi h grešenju in hudodelstvu.

Toda kaj sploh je hudodelstvo? Prvo Janezovo pismo 3:4 pravi: *„Vsak, kdor greši, ravna tudi nepostavno, kajti greh je nepostavnost."*

Tako kot ima vsaka država svoje zakone, tako tudi v Božjem kraljestvu velja duhovni zakon. Ta zakon duhovnega sveta je Božja beseda, ki je zapisana v Svetem pismu. Kdor krši Božjo besedo, bo obsojen, tako kot smo kazensko preganjani, kadar prekršimo zakon. Kršenje Božje besede je greh in zlo.

Božji zakon lahko delimo na štiri kategorije: „delaj", „ne delaj", „izpolnjuj" in „odpravi." Ker je Bog luč, Svojim otrokom naroča, naj delajo dobra dela, opustijo slaba dela, izpolnjujejo dolžnosti Božjih otrok ter odvržejo vse, kar Bog sovraži, kajti On si želi, da bi Njegovi otroci živeli v luči.

V Devteronomiju 10:12-13 nas Bog roti: *„In zdaj, Izrael, kaj zahteva od tebe GOSPOD, tvoj Bog? Samo to, da se bojiš GOSPODA, svojega Boga, da hodiš po vseh Njegovih poteh, Ga ljubiš in služiš GOSPODU, svojemu Bogu, z vsem srcem in z vso dušo, da izpolnjuješ GOSPODOVE zapovedi in Njegove zakone, ki ti jih danes zapovedujem, da ti bo dobro."* Po eni strani boste deležni blagoslovov, če se boste ravnali po Božji besedi, po drugi strani pa boste obsojeni na večno smrt zaradi svojih grehov, če ne boste živeli po Njegovi besedi.

Pismo Galačanom 5:19-21 govori o delih mesa:

> *Sicer pa so dela mesa očitna. To so: nečistovanje, nečistost, razuzdanost, malikovanje, čaranje, sovraštva, prepirljivost, ljubosumnost, jeze, častihlepnosti, razprtije, strankarstva, nevoščljivosti, pijančevanja, žretja in kar je še takega. Glede tega vas vnaprej opozarjam, kakor Sem vas že opozoril: tisti, ki počenjajo takšne stvari, ne bodo podedovali Božjega kraljestva.*

„Nečistovanje" zajema vse oblike spolnega nečistovanja, vključno s spolnim občevanjem pred poroko. „Nečistost" pomeni podivjano vedenje onkraj pameti, ki izhaja iz grešne narave.

O „razuzdanosti" govorimo, kadar grešite, spolno nečistujete in prešuštvujete. „Malikovanje" se nanaša na čaščenje podob iz zlata, srebra, brona in drugih kovin, ali kadar nekaj ljubite bolj kot Boga.

„Čaranje" je, kadar nekoga premamite s pretkanimi lažmi. „Sovraštva" se nanašajo na primere, ko želite v svojem sovraštvu uničiti druge ljudi. „Prepirljivost" vključuje hlastanje po lastnih koristih in oblasti. „Ljubosumnost" je, kadar sovražite drugo osebo, ker menite, da je boljša od vas. „Jeze" ne vključujejo samo občutek jeze, temveč škodovanje drugim ljudem v vašem besu.

„Častihlepnosti" se nanašajo na ustanovitev ločene skupine

ali družbe ter služenje satanu, zato ker se ne strinjate z ostalimi. „Razprtije" se nanašajo na izražanje nesoglasja in sledenje svojim lastnim mislim, ne mislim Svetega Duha. „Strankarstva" se nanašajo na zanikanje troedinega Boga in Jezusa, ki Je prišel v mesu in prelil Svojo kri, da bi odrešil človeštvo in postal Kristus.

„Nevoščljivosti" vključujejo namerna dejanja v škodo drugih, kot rezultat ljubosumja. „Pijančevanje" pomeni uživanje alkohola, „žretje" pa poleg pijančevanja, razbrzdanosti in pomanjkanja samonadzora zajema še neizpolnjevanje svojih nalog kot zakonski parter ali starš.

„In kar je še takega" pa pomeni, da obstaja še veliko podobnih grešnih dejanj, in tisti, ki se zatekajo k tem dejanjem, ne bodo rešeni.

Grehi, ki vodijo v smrt, in grehi, ki ne vodijo v smrt

Na tem svetu se „greh" smatra za „greh", kadar je rezultat tega greha očiten in je fizična škoda, ki jo je utrpela druga oseba, podkrepljena s tehtnimi dokazi. Bog, ki je Luč, pa nas uči, da za greh ne veljajo samo grešna dejanja, temveč tudi vsa tema, ki je v nasprotju z lučjo.

Četudi se navzven ne kažejo, so vse grešne želje v vašem srcu, kot so sovraštvo, ljubosumnost, poželenje, obsojanje drugih, brezsrčnost in neiskrenost, hudobne in hkrati greh.

Zato nam Bog pravi: *„Jaz pa vam pravim: Kdor koli gleda žensko, da jo poželi, je v srcu že prešuštvoval z njo"* (Matej 5:28), ter: *„Kdor sovraži svojega brata, je ubijalec. Vi pa veste, da noben ubijalec nima večnega življenja, ki bi ostalo v* *njem"* (1 Janez 3:15). Poleg tega v pismu Rimljanom 14:23 piše: *„Kdor pa jé v dvomu, je obsojen, če jé, ker tega ne dela iz vere. Kar koli pa ne izvira iz vere, je greh,"* Jakob 4:17 pa dodaja: *„Kdor torej zna delati dobro, pa ne dela, ima greh."* Zato se morate zavedati, da se kljubovanje Božjim željam in zapovedim smatra za greh in nepostavnost.

Toda, ali bodo vsi ljudje, ki delajo te grehe, obsojeni na smrt? Pomembno je vedeti, da kadar nekdo, ki je živel v laži, moli in si prizadeva postati človek resnice, dejansko živi v veri. Četudi se zaradi šibke vere še ni očistil vseh nemoralnosti v svojem srcu, to ne pomeni, da tak človek ne bo odrešen.

Prvo Janezovo pismo 5:16-17 nas uči: *„Če kdo vidi, da njegov brat greši, a ne z grehom, ki je za smrt, naj prosi zanj in dal mu bo življenje, seveda tistim, ki ne grešijo z grehom, ki je za smrt. Obstaja namreč greh, ki je za smrt; ne pravim, naj kdo prosi za drugega zaradi tega greha. Vsaka krivičnost je greh, vendar obstaja greh, ki ni za smrt."*

Grehi se načeloma delijo na dve kategoriji: tisti, ki vodijo v smrt, in tisti, ki ne vodijo v smrt. Ljudje, ki delajo grehe, ki ne vodijo v smrt, so lahko odrešeni, tako da jih spodbujate, molite zanje in jim pomagate pokesati se grehov. Kadar pa nekdo dela grehe, ki vodijo v smrt, ta ne more biti odrešen, niti če molite zanj.

Tudi moralni ljudje občasno lažejo v svojo lastno korist, ali sleparijo, četudi ta njihova dejanja ne škodujejo drugim. Ko spoznate resnico in začnete verovati v Boga, vam kmalu postane jasno, da ste bili grešniki, pa čeprav ste verjeli, da vodite pravično življenje. Takrat vam Bog namreč razodene ne samo grehe, ki jih je moč videti, pač pa tudi hudobne misli v vašem srcu, ki so ravno tako greh.

Vsa hudodelstva so greh in plačilo za greh je smrt. Toda Jezus Kristus je s prelitjem Svoje krvi na križu odpustil vse vaše grehe, ki ste jih zagrešili v preteklosti, sedanjosti in prihodnosti. Obstajajo tudi grehi, ki so vam lahko odpuščeni z močjo Jezusove krvi, če se le pokesate in obrnete proč od njih. Ti grehi ne vodijo v smrt.

Če se ne pokesate in še naprej grešite, bo vaša vest postala vse težja in prej ali slej boste storili greh, ki vodi v smrt, in posledično ne boste deležni duha spreobrnjenja. Takrat vam grehi ne bodo odpuščeni, tudi če se pokesate.

Zdaj pa si oglejmo tri vrste grehov, ki vodijo v smrt: preklinjanje svetega duha, nenehno sramotenje Sina Božjega, ter prostovoljno grešenje brez slabe vesti.

Preklinjanje Svetega Duha

Kletev zoper Svetega Duha vključuje tri stvari. Svetega Duha preklinjate takrat, kadar govorite zoper Njega, kadar nasprotujete Njegovim delom, in kadar Ga sramotite.

> *Zato vam pravim: Vsak greh in vsaka kletev bosta ljudem odpuščena, kletev zoper Duha pa ne bo odpuščena. Tudi če kdo reče besedo zoper Sina človekovega, mu bo odpuščeno, če pa kdo reče kaj zoper Svetega Duha, mu ne bo odpuščeno ne v tem veku ne v prihodnjem* (Matej 12:31-32).

Vsakemu, ki izgovori besedo zoper Sina človekovega, bo odpuščeno; tistemu pa, kdor izgovori kletev zoper Svetega Duha, ne bo odpuščeno (Luka 12:10).

Prvič – „Govorjenje zoper drugih" zajema klevetanje in onemogočanje drugih. „Govorjenje zoper Svetega Duha" je, kadar skušate preprečiti dosego Božjega kraljestva, tako da po svoji volji motite dela Svetega Duha. Denimo, kadar nasprotujete Božjemu delovanju, ker ne sovpada z vašimi lastnimi željami, pa čeprav gre za delo Svetega Duha.

Kadar Božjega služabnika po krivici označite za heretika in motite delovanje Svetega Duha, je to tako velik greh pred Bogom, da ga ni mogoče odpustiti. Zato morate znati razločiti duhove v skladu z resnico.

Seveda pa morate ostro opozoriti ljudi in jim preprečiti, da bi druge prigovarjali k iskanju zlobnega duha, kajti takšni ljudje so resnično heretiki v Božjih očeh. Pismo Titu 3:10 pravi: „Človeka, ki povzroča razkole, se po prvem in drugem svarilu ogiblji."

Danes mnogi ljudje, ki ne znajo razločiti duhove, obsojajo določene cerkve kot heretične in jih preganjajo, četudi te cerkve priznavajo troedinega Boga in jih spremljajo dela Svetega Duha. Čeprav ti ljudje izpovedujejo svojo vero v Boga, pa nimajo dovolj svetopisemskega znanja o hereziji. Nekateri ne poznajo niti definicije herezije.

Kadar ljudje v svoji nevednosti preganjajo druge, jim je lahko odpuščeno, če se pokesajo in spreobrnejo, kadar pa zlonamerno in iz ljubosumja motijo Božja dela, čeprav se zavedajo, da gre za dela Svetega Duha, takrat jim ne bo odpuščeno.

Sveto pismo lepo opisuje tak primer. Ko je Jezus v 3. poglavju Markovega evangelija delal velike čudeže in znamenja, so iz ljubosumja nekateri začeli širiti govorice, da ni priseben. Govorice so se tako hitro razširile, da so morali posredovati Njegovi družinski člani, ki so živeli daleč proč, in Ga odvesti proč.

Pismouki in farizeji so kritizirali Jezusa, rekoč: *"Pismouki, ki so prišli iz Jeruzalema, so govorili: ,Bélcebub Ga je obsedel in s poglavarjem demonov izganja demone'"* (Marko 3:22). Ti ljudje so dobro poznali Božjo besedo. Zelo dobro so poznali zakon in ga tudi poučevali, a so kljub temu v svojem ljubosumju in zavisti do Jezusa nasprotovali Božjemu delovanju.

Drugič – "Nasprotovanje delom Svetega Duha" pomeni neposlušnost do glasu Svetega Duha, ki prihaja od Boga, ali presojanje in obsojanje delovanja Svetega Duha ter škodovanje drugim ljudem.

Denimo, Svetemu Duhu nasprotujemo takrat, kadar širimo govorice, ponarejamo listine, ali kadar si prizadevamo preprečiti obnovitvena srečanja, tako da pastorja oziroma cerkev obsodimo herezije, pa čeprav ju obkrožajo dela Svetega Duha.

Kaj potem pomeni: "Tudi če kdo reče besedo zoper Sina človekovega, mu bo odpuščeno?" "Sin človekov" se nanaša na Jezusa, ki Je prišel kot človek in Bil križan na križu.

Govorjenje zoper Sina človekovega pomeni kljubovanje Jezusu, pri čemer Ga razumete in priznavate zgolj kot navadnega človeka, zato ker Je prišel v mesu. Nezmožnost prepoznavanja Jezusa kot našega Odrešenika izvira iz nevednosti, zato vam bo v tem primeru odpuščeno in boste lahko odrešeni, če se le temeljito pokesate in sprejmete Gospoda.

Če torej zagrešite tovrstni greh, ne da bi poznali resnico oziroma še preden ste prejeli Svetega Duha, vam bo Bog vselej dal priložnost, da se pokesate in prejmete odpuščenje.

Če pa grešite in nasprotujete Gospodu, čeprav dobro poznate Jezusa Kristusa, vam ne bo nikoli odpuščeno, kajti to početje je enako nasprotovanju in govorjenju zoper Svetega Duha.

Tretjič – Preklinjanje vključuje sramotenje stvari, ki so božanske, svete in čiste. Kletev zoper Svetega Duha je ravno tako sramotenje Svetega Duha, Božjega Duha ter Božjega božanstva. Gre za greh sramotenja neskončne Božje moči in božanskosti, kadar obrekujete dela Svetega Duha, češ da so satanova dela, ali kadar nekaj po krivem označite za delo Svetega Duha. Tudi oznanjanje resnice za neresnico, prodajanje laži za resnico, ter označevanje resničnih stvari za varljive – vse to je „kletev zoper Svetega Duha."

V starih časih je veljalo, da kadar so nekoga zalotili pri preklinjanju kralja, se je to smatralo za izdajo in oseba je bila usmrčena.

Kadar govorite kletve zoper svete božanskosti Boga, ki je vsemogočen in Ga ne gre primerjati z nobenim kraljem tega sveta, vam ne bo nikoli odpuščeno.

Celo Jezus, ki Je bil po naravi Bog in Je v mesu prišel na ta svet, ni nikogar obsodil. Kako velik mora potem biti greh, kadar obsojate svoje brate in sestre ter hkrati sramotite dela Svetega Duha. Kadar gojite strahospoštovanje do Boga, ne boste nikoli nasprotovali ali sramotili Svetega Duha.

Potemtakem se morate zavedati, da ti grehi ne morejo biti nikoli odpuščeni, ne v tem veku ne v prihodnjem, zato jih ne smete nikoli delati. V kolikor pa ste te grehe v preteklosti že zagrešili, prosite za Božjo milost in se pokesajte z vsem srcem.

Sramotenje Božjega Sina

Ponovno križanje in sramotenje Božjega Sina vodi v smrt, kot je zapisano v 6. poglavju pisma Hebrejcem.

*Kajti nemogoče je take, ki so bili nekoč že razsvetljeni in so že okusili nebeški dar ter postali deležni Svetega Duha, take, ki so okusili dobro Božjo besedo in moči prihodnjega sveta, pa so padli, takó prenoviti, da bi se spreobrnili, ker sami sebi znova križajo in sramotijo Božjega Sin*a (Hebrejcem 6:4-6).

Nekateri ljudje zapustijo cerkev in Boga zaradi skušnjav tega sveta in s tem močno osramotijo Boga, pa čeprav so prejeli Svetega Duha, vedo za nebesa in pekel in verujejo v besedo resnice. Temu pravimo, da so storili greh ponovnega križanja in sramotenja Boga. Takšna oseba je pod vplivom satana in dela številne grehe, poleg tega pa zanika Boga ter preganja cerkev in vernike.

Takšni ljudje predajo svojo vest satanu, zato so njihova srca napolnjena s temo.

Nikakor se ne želijo pokesati in njihova srca ne rodijo duha spreobrnjenja. In ker se ne morejo pokesati, jim ne bo nikoli odpuščeno.

Juda Iškarijot je zagrešil tovrstni greh. Kot eden od dvanajstih Jezusovih učencev je bil priča številnim znamenjem in čudežem, toda postal je pohlepen in izdal Jezusa za tridesetih srebrnikov. Kasneje ga je začela preganjati vest in bil je poln obžalovanja, a še naprej ga ni zajel duh spreobrnjenja. Njegov greh je bil neodpustljiv in naposled je storil samomor, saj ni prenesel občutka krivde (Matej 27:3-5).

Prostovoljno grešenje

Zadnji smrtni greh je prostovoljno grešenje, potem ko ste bili deležni spoznanje resnice.

Če namreč prostovoljno grešimo, potem ko smo dobili spoznanje resnice, ne ostane za grehe nobena žrtev več, ampak le strašno čakanje na sodbo in razjarjenost ognja, ki bo požrl nasprotnike (Hebrejcem 10:26-27).

„Če prostovoljno grešimo, potem ko smo dobili spoznanje resnice" se nanaša na ponavljajoča se dejanja, ki jih Bog ne odpušča. Hkrati pa pomeni neprekinjeno in zavestno grešenje: *„ Take doleti, kar pove resničen pregovor: ‚Pes se vrne k lastnemu izbljuvku,' in: ‚Svinja se okopa, pa se spet valja v blatni luži'"* (2 Peter 2:22).

Ko je David, ki je močno ljubil Boga, zagrešil prešuštvo, je to privedlo do številnih grehov, med drugim je umoril enega najzvestejših in najpogumnejših vojakov. Vendar, ko mu je prerok Natan prenesel sporočilo graje, se je kralj David nemudoma pokesal.

Po drugi strani pa je kralj Savel še naprej grešil tudi potem, ko ga je prerok Samuel opozoril na njegove grehe. David se je spokoril in prejel Božji blagoslov, medtem pa je bil Savel zapuščen, saj se ni pokesal in je še naprej grešil.

Tudi Balaam, ki je bil nekoč dober mož in Božji prerok, se je vdal poželjivosti in iskal bogastva in časti na tej zemlji, a naposled klavrno končal.

Na eni strani imamo ljudi, ki prostovoljno grešijo, zato jim Bog obrne hrbet in Sveti Duh v njihovih srcih začne izginevati. Kmalu izgubijo vero in začno opravljati zlobna dejanja pod nadzorom hudiča. Naposled Sveti Duh v njih povsem izgine in s tem izgubijo še zadnjo možnost za odrešitev, saj se več ne morejo pokesati in njihovo ime bo izbrisano iz knjige življenja (Razodetje 3:5).

Na drugi strani pa so ljudje, ki kar naprej grešijo, ker Boga poznajo samo s svojim znanjem, vendar pa v svojem srcu ne verujejo Vanj. Njihovi grehi so lahko odpuščeni in lahko bodo stopili na pot odrešenja, takoj ko se temeljito in iskreno pokesajo ter pridobijo iskreno vero.

Zato se morate zavedati, da ne boste rešeni, če boste prostovoljno grešili in se vdajali delom mesa, četudi ste bili nekoč razsvetljeni, verovali v obstoj nebes in pekla ter bili deležni obilne Božje milosti.

Hkrati pa upam, da boste dobro razumeli, da so vsi grehi nepostavnost in tema, in da jih Bog sovraži, četudi vsi ne vodijo v smrt. Bodite torej razsoden vernik, ki ne dopušča in ne dela nobenih grehov.

Meso in kri Sina človekovega

Za zdravo življenje je treba uživati primerno hrano in pijačo. Ravno tako pa je za zdravega duha in pridobitev večnega življenja potrebno jesti meso in piti kri Sina človekovega. Janez 6:53-55 lepo opisuje pomen mesa in krvi Sina človekovega ter zakaj moramo jesti Njegovo meso in piti Njegovo kri, da bi bili deležni večnega življenja:

> *Jezus jim je tedaj rekel: „Resnično, resnično, povem vam: Če ne jeste mesa Sina človekovega in ne pijete Njegove krvi, nimate življenja v sebi. Kdor jé Moje meso in pije Mojo kri, ima večno življenje in Jaz ga bom obudil poslednji dan. Kajti Moje meso je resnična jed in Moja kri resnična pijača."*

Kaj predstavljata meso in kri Sina človekovega?

V Svetem pismu nam Jezus skozi številne prilike razkriva nebeške skrivnosti in Božjo voljo. Ljudem tega tridimenzionalnega sveta je zelo težko razumeti in izpolnjevati voljo Boga, ki biva v štiridimenzionalnem svetu tam zgoraj. Ravno zato je Jezus primerjal nebeške stvari z neživimi stvarmi, rastlinami, živalmi, in zato Jezus živi v tem svetu, da bi nam pomagal bolje razumeti božansko voljo.

To pa je tudi razlog, zakaj se Jezusa, enega in edinega Božjega Sina, imenuje skala in zvezda, ki sta brezdimenzionalni; enodimenzionalno vino; dvodimenzionalno jagnje; ter Sin človekov, ki je tridimenzionalen.

Jezusu pravimo Sin človekov, meso Sina človekovega pa je potemtakem meso Jezusa.

Janez 1:1 nam pravi: „*V začetku je bila Beseda in Beseda je bila pri Bogu in Beseda je bila Bog.*" Janez 1:14 pa dodaja: „*In Beseda je postala meso in se naselila med nami. Videli smo Njeno veličastvo, veličastvo, ki ga ima od Očeta kot edinorojeni Sin, polna milosti in resnice.*"

Jezus je tisti, ki je v mesu prišel na ta svet kot Božja beseda. Od tod sledi, da je meso Sina človekovega pravzaprav Božja beseda, ki je resnica sama, in uživanje mesa Sina človekovega predstavlja učenje Božje besede, ki je zapisana v Svetem pismu.

Kako jesti meso Sina človekovega?

V Eksodusu 12:5-7 je Jezus upodobljen kot „jagnje":

Jagnje pa naj vam bo neoporečno, eno leto star samec. Morete ga vzeti izmed ovc ali izmed koz. Hranite ga do štirinajstega dneva tega meseca! Potem naj ga vsa zbrana Izraelova skupnost proti večeru zakolje. Vzamejo naj nekaj krvi in z njo pomažejo podboja in naddurje hiš, v katerih ga bodo jedli.

Veliko vernikov je mnenja, da se jagnje nanaša na nove

vernike, toda podroben pregled Svetega pisma razkriva, da jagnje pravzaprav simbolizira Jezusa.

Janez Krstnik je ob pogledu na Jezusa, ki Je prihajal k njemu, dejal naslednje: *„Glejte, Božje Jagnje, ki odvzema greh sveta!"* (Janez 1:29). Tudi apostol Peter je v Prvem Petrovem pismu 1:18-19 Jezusa imenoval jagnje: *„Saj veste, da vas iz vašega praznega življenja, ki ste ga podedovali od očetov, niso odkupile minljive reči, srebro ali zlato, ampak dragocena kri Kristusa, brezhibnega in brezmadežnega jagnjeta."* Poleg teh še veliko drugih odlomkov primerja Jezusa z jagnjetom.

Zakaj Sveto pismo primerja Jezusa z jagnjetom? Jagnje je najbolj nežno in ubogljivo med vso živino. Hitro prepozna pastirjev glas in uboga. Nihče drug ne more pretentati jagnjeta, četudi ljudje poskušajo imitirati glas pastirja. Jagnje daje ljudem mehko krzno, mleko, meso in vse dele svojega telesa.

Tako kot se jagnje v celoti žrtvuje za človeštvo, tako je Jezus v celoti izpolnil Božjo voljo in žrtvoval vse za nas.

Čeprav Je po naravi Bog, Je v mesu prišel na ta svet, oznanjal nebeški evangelij, ozdravil celo vrsto bolezni in slabosti ter Bil križan. Odrekel se Je vsemu, da bi vas odkupil vaših grehov.

Jezusa se primerja z jagnjetom, ker so Njegove lastnosti in dejanja podobne tistim od nežnega jagnjeta, uživanje jagnjeta pa simbolizira uživanje Jezusovega mesa oziroma mesa Sina človekovega.

Kako je potem treba jesti meso Sina človekovega? Eksodus 12:9-10 nam daje naslednja navodila:

Ne jejte od njega nič surovega, tudi ne kuhanega na

vodi, marveč na ognju pečeno, skupaj z glavo, nogami in drobovjem! Ne puščajte od njega do jutra ničesar! Kar pa bi ostalo od njega do jutra, sežgite v ognju!

Prvič – Božje besede ne jejte surove

Kaj predstavlja uživanje surovega mesa Sina človekovega?

Nasploh ni dobro jesti surovo meso, sicer lahko kaj hitro zbolimo za kakšnim virusom ali bakterijo. Na enak način pa nam tudi Bog sporoča, da je škodljivo jesti surovo Božjo besedo.

Božja beseda je napisana po navdihu Svetega Duha, zato jo morate brati in se z njo hraniti, prav tako z navdihom Svetega Duha.

In če si Božjo besedo razlagate dobesedno? Potem boste najbrž napačno razumeli Božji namen. Uživanje „surove Božje besede" torej pomeni dobesedno tolmačenje Svetega pisma.

Kot pravi Janez 1:1: *„Beseda je bila Bog,"* Sveto pismo vsebuje Božje srce in voljo in vse se vrši v skladu s to Njegovo besedo.

Božja beseda nam razodeva, kako lahko pridemo v nebesa. Da bi pridobili večno življenje, morate v celoti razumeti Božjo besedo. Človek mesa namreč ne vidi in ne dojema duhovnega sveta.

Tako kot se škržat v stanju ličinke ne zaveda obstoja neba. Tako kot se piščanec v jajcu ne zaveda okolice. In tako kot se dojenček v maternici ne zaveda sveta.

Tako tudi vi ne morete poznati duhovnega sveta, dokler živite v tem mesenem svetu.

Bog vam govori, da onstran tega tridimenzionalnega sveta

obstaja še drug svet. In tako kot mora piščanec predreti jajčno lupino, tako morate vi predreti svoje mesene misli, da bi razumeli in vstopili v duhovni svet.

Matej 6:6 na primer pravi: *"Kadar pa ti moliš, pojdi v svojo sobo, zapri vrata in môli k svojemu Očetu, ki je na skrivnem. In tvoj Oče, ki vidi na skrivnem, ti bo povrnil."* Če si ta odlomek razlagate dobesedno, potem bi morali vselej moliti v svoji sobi. Pa vendar ne boste našli nobenega predhodnika vere, ki bi skrivaje molil v svoji sobi.

Jezus ni molil v Svoji sobi, temveč Je na gori vso noč prebedel v molitvi (Luka 6:12), ter navsezgodaj na samotnem kraju (Marko 1:35).

Polef tega je Daniel trikrat dnevno molil ob odprtem oknu proti Jeruzalemu (Daniel 6:10), apostol Peter pa na terasi (Apostolska dela 10:9).

Kaj potem pomenijo naslednje Jezusove besede: „Pojdi v svojo sobo, zapri vrata in môli"?

„Soba" tukaj v duhovnem pogledu simbolizira človekovo srce, odhod v svojo sobo pa pomeni preskok svojih misli in poglobitev v globino svojega srca, nekako tako kot morda „preskočite" dnevno sobo, da bi prišli v kuhinjo. Šele takrat boste lahko molili z vsem srcem.

Ko se odpravite v svojo sobo, se s tem odmaknete od zunanjega sveta. Prav tako, kadar molite, morate izklopiti vse nepotrebne misli in skrbi ter moliti z vsem srcem.

Iz vsega tega sledi, da mesa Sina človekovega ne smete jesti surovega in Božje besede si ne smete razlagati dobesedno, pač pa duhovno pod navdihom Svetega Duha.

Drugič – Božje besede ne jejte kuhane na vodi

Kaj pomeni: „Ne jejte od njega nič kuhanega na vodi?" Ta odlomek pravi, da Božji besedi ne smemo ničesar dodati, temveč jo moramo jesti kot takšno.

Pri oznanjanju evangelija ne smemo mešati Božje besede s politiko, družbenimi zgodbami ali citati občudovanih oziroma zgodovinskih osebnosti.

Bog, ki Je ustvaril nebesa in zemljo ter upravlja z našim življenjem in smrtjo, blagoslovom in prekletstvom, je vsemogočen in popoln.

Prvo pismo Korinčanom 1:25 pravi: *„Kajti Božja norost je modrejša od ljudi in Božja slabotnost močnejša od ljudi."* Skozi te besede moramo dojeti, da se niti najmodrejši in največji človek ne more primerjati z Bogom.

V vašem življenju ne boste uspeli ljudem približati celotno vsebino Svetega pisma. Kako si potem med pridiganjem drznete mešati mnenja ljudi in Božjo besedo?

Mnenja ljudi se skozi čas spreminjajo in četudi se v njih skriva kaj resnice, nam je ta že bila razodeta v Svetem pismu, in sicer z Božjo modrostjo.

Pri poučevanju Svetega pisma se morate v prvi vrsti osredotočiti na čisto Božjo besedo. Seveda lahko uporabite določene prilike in ponazoritve, zato da bi ljudje lažje dojeli Božjo besedo in skrivnosti duhovnega sveta.

Zavedajte pa se, da je samo Božja beseda večna, popolna in

edina resnica, ki vodi do večnega življenja. Zato Božje besede nikar ne jejte kuhane na vodi.

Tretjič – Božjo besedo jejte pečeno na ognju

Kaj pomeni: *„Na ognju pečeno, skupaj z glavo, nogami in drobovjem"*? (Eksodus 12:9) To pomeni, da morate Božjo besedo, meso Sina človekovega oz. vašo duhovno hrano uživati v celoti, brez da bi karkoli dodali ali odstranili.

Nekateri ljudje na primer dvomijo v dejstvo, da je Mojzes razdelil Rdeče morje. Nekateri niti ne poskušajo prebrati Levitika, saj so žrtvovanja v Stari zavezi težko razumljiva. Spet drugi težko verjamejo v čudeže, ki jih je delal Jezus, oziroma so mnenja, da so se ti čudeži dogajali pred 2.000 leti, ne pa tudi danes. Ti ljudje izločijo veliko podrobnosti, ki se ne ujemajo s človeško miselnostjo, in skušajo izvleči le moralne nauke.

Še toliko jim ni mar, da bi upoštevali in se ravnali po zakonih, kot so „ljubi svojega sovražnika" in „odpravi vse oblike zla." Ali ti ljudje sploh lahko prejmejo odrešenje?

Ne izbirajte torej besed Svetega pisma, tako kot to počno nespametni ljudje. Hranite se z vsemi besedami Svetega pisma, pečenimi na ognju, od Geneze in vse do Razodetja.

Toda kaj sploh dosežemo s hranjenjem z Božjo besedo, „pečeno na ognju"? Ogenj se tukaj nanaša na ogenj Svetega Duha. Ob prebiranju in poslušanju Božje besede, ki je napisana po navdihu Svetega Duha, morate biti napolnjeni in navdihnjeni od Svetega Duha. V nasprotnem primeru gre namreč zgolj za spoznanje, ne za duhovno hrano.

Da bi se hranili z Božjo besedo, pečeno na ognju, morate goreče moliti. Molitev služi kot olje in predstavlja izvir polnosti Svetega Duha. Kadar se hranite z Božjo besedo po navdihu Svetega Duha, bo občutek slajši od medu. Prav tako vam ne bo nikoli dolgčas, četudi bo pridiga zelo dolga, kajti Božje besede so neprecenljive in po njih hrepenite, kakor hrepeni jelen po potokih voda.

Tako je potrebno jesti pečeno Božjo besedo. Samo tako boste razumeli Božjo besedo, jo sprejemali kot duhovno meso in kri, ter dojeli in izpolnjevali Božjo voljo. Tako boste dosegli rojstvo duha skozi Svetega Duha, rasli v veri ter si povrnili izgubljeno Božjo podobo, saj boste odkrili temeljne dolžnosti človeka.

Tistim pa, ki uživajo Božjo besedo s svojimi lastnimi mislimi, brez da bi jo popekli na ognju, se zdi Božja beseda dolgočasna in si je ne morejo zapomniti, saj jo poslušajo s praznimi mislimi. Ti ljudje ne bodo nikoli duhovno odrasli in nikoli zaživeli resnično življenje.

Četrtič – Božje besede ne puščajte do jutra

Kaj pomeni: „Ne puščajte od njega do jutra ničesar! Kar pa bi ostalo od njega do jutra, sežgite v ognju"?

Pomeni, da se morate čez noč hraniti z mesom Sina človekovega oziroma z Božjo besedo. Svet, v katerem trenutno živite, je temačen svet pod oblastjo hudiča, in se v duhovnem pogledu izraža kot noč oziroma tema. Ob Jezusovem drugem prihodu bo vsa tema izginila in vse bo obnovljeno. Nastopilo bo jutro in prešli bomo v svet svetlobe.

„Ne puščajte od njega do jutra ničesar" torej pomeni, da morate preučevati Božjo besedo in se tako pripraviti kot nevesta našega Gospoda, še preden se On vrne.

Poleg tega — pa naj smo blizu Njegovi vrnitvi ali ne — ljudje živimo zgolj kakšnih sedemdeset ali osemdeset let in nikoli ne veste, kdaj boste srečali Gospoda. In dokler Ga ne srečate, boste duhovno rasli v tej meri, v kateri se hranite z mesom in krvjo Sina človekovega. Zato marljivo preučujte Božjo besedo in se duhovno razvijajte.

Če boste skozi nenehno rast vašega duha dosegli mero očetove vere, boste deležni slave kot sijoče sonce ob Božjem prestolu v Njegovem kraljestvu, kajti poznali boste Boga, ki obstaja že od vsega začetka, osvojili boste osmero blagrov in devet sadov Svetega Duha, ter v sebi dopolnili Božjo podobo.

Pitje krvi Sina človekovega

Za preživetje moramo ljudje uživati hrano in piti vodo. Če ne pijemo vode, hrana ne bo prebavljena in kmalu bomo umrli. Ob vstopu v želodec se hrana pomeša z vodo in tako jo prebavimo. Hranila se absorbirajo, odpadke pa izločimo.

Na enak način pa tudi mesa Sina človekovega ne boste prebavili, v kolikor ne pijete krvi Sina človekovega. Večno življenje lahko torej pridobite le z uživanjem mesa Sina človekovega, skupaj z Njegovo krvjo.

„Pitje krvi Sina človekovega" pomeni udejanjanje Božje besede skozi vero. Po poslušanju Božje besede je zelo pomembno ustrezno ravnanje. Temu pravimo vera. Kadar poslušate in poznate Božjo besedo, a se nato ne ravnate po njej, takrat jo zaman poslušate.

Tako kot se pri prebavljanju hrane absorbirajo hranila in izločijo odpadne snovi, tako se absorbira Božja beseda oziroma resnica in izloči neresnica, kadar ravnate v skladu z Božjo besedo, zato da bi očistili svoja umazana srca.

Kaj sta potem „absorbirana resnica" in „izločena neresnica"? Za primer vzemimo naslednjo Božjo besedo: „Ne sovraži, ampak ljubi." Če se boste hranili in ravnali po teh besedah, bo absorbirana hranilna snov, imenovana ljubezen, medtem pa bo izločena odpadna snov, imenovana sovraštvo. Več ko boste izločili umazanih misli, bolj bo vaše srce čisto in resnično.

Poslušajte in se ravnajte po Božji besedi

Kadar se ne ravnate v skladu z Božjo besedo, takrat ne pijete krvi Sina človekovega. Božja beseda torej predstavlja le košček spoznanja v glavi in če se ne ravnate po njej, ne boste deležni odrešenja.

Za pitje krvi Sina človekovega oziroma izpolnjevanje Božje besede pa ni dovolj samo človeški trud. Poleg tega morate goreče moliti, da bi prejeli Božjo milost, moč ter pomoč Svetega Duha.

Če bi se lahko zgolj z lastnim trudom očistili grehov, potem Jezusu ne bi bilo treba na križ in Bogu ne bi bilo treba poslati Svetega Duha.

Tako pa je bil Jezus Kristus križan za vaše grehe, saj jih sami niste sposobni odpraviti, in Bog je poslal Svetega Duha, da bi vam pomagal očistiti vaše umazano srce.

Sveti oziroma Božji Duh pomaga Božjim otrokom živeti znotraj resnice in pravičnosti. Božji otroci morajo s pomočjo Svetega Duha živeti po Božji besedi in se otresti svojih grehov, saj bodo le tako deležni Božje ljubezni in blagoslova.

S hojo v luči do odpuščenja

Kadar rečemo, da uživamo meso in pijemo kri Sina človekovega, to pomeni, da živimo v luči v skladu z Božjo besedo. Toda na katera dejanja se to nanaša? Potrebno je zapustiti temo in delovati v luči, kar pa dosežete, ko zaužijete in prebavite meso Sina človekovega ter pridobite resnično srce. Kadar živite v luči, kri Gospodova očiščuje vaše grehe iz preteklosti, sedanjosti in prihodnosti.

Tudi tisti neočiščeni grehi vam bodo odpuščeni po milosti Božji, ko se boste z vsem srcem pokesali pred Bogom. Kdor resnično veruje v Boga in si prizadeva vnesti pravičnost v svoje srce, ne velja več za grešnik, temveč za pravičnega človeka, ki bo deležen odrešenja in večnega življenja.

Bog je Luč

Prvo Janezovo pismo 1:5 pravi: *„To pa je oznanilo, ki smo ga slišali od Njega in vam ga oznanjamo: Bog je luč in v Njem ni nobene teme."*

Apostol Janez, ki je napisal Prvo Janezovo pismo, je bil

učenec Jezusa Kristusa, kateri Je prišel na ta svet ter postal luč sveta in pot do Boga.

Zato Janez 1:4-5 opisuje Jezusa z naslednjimi besedami: *„V Njej je bilo življenje in življenje je bilo Luč ljudi. In Luč sveti v temi, a tema je ni sprejela."* Jezus je dejal: *„Jaz sem pot, resnica in življenje. Nihče ne pride k Očetu drugače kot po Meni"* (Janez 14:6).

Jezusovi učenci so bili preko Jezusa seznanjeni z dejstvom, da je Bog Luč, zato vam to tudi sporočajo skozi Sveto pismo.

Luč je v duhovnem pomenu resnica

Kaj predstavlja „luč"? Luč v duhovnem pogledu pomeni resnico, ta pa je nasprotje teme.

V Pismu Efežanom 5:8 nam Bog pravi: *„Nekoč ste bili namreč tema, zdaj pa ste luč v Gospodu. Živite kot otroci luči."* Kdor sprejema sporočilo, da je Bog Luč, in se od Njega nauči resnice, bo sijal in razsvetlil ta svet, kakor svetloba prežene temo.

Otroci luči, ki se ravnajo v skladu z resnico, nosijo sadove luči. Pismo Efežanom 5:9 pravi naslednje: *„Kajti sad luči je v vsakršni dobroti, pravičnosti in resnici."* Duhovna ljubezen, ki jo opisuje 13. poglavje Prvega pisma Korinčanom, ter sadovi Svetega Duha, kot so ljubezen, veselje, mir, potrpežljivost, velikodušnost, dobrota, dobrohotnost, krotkost in zvestoba – vse to so sadovi luči.

Luč se potemtakem nanaša na vse besede resnice, dobrote, pravičnosti in ljubezni, kot so denimo „ljubite drug drugega, molite, posvečujte Gospodov dan, izpolnjujte deset zapovedi", ki vam jih Bog sporoča v Svetem pismu.

Tema je v duhovnem pomenu greh

Tema se nanaša na stanje brez svetlobe in v duhovnem smislu predstavlja greh.

Pismo Rimljanom 1:28-29 opisuje neresnice, ki so nasprotje resnice: „*In ker se jim ni zdelo vredno, da bi živeli skladno s svojim spoznanjem Boga, jih je Bog prepustil njihovemu umu, ki ni prestal preizkušnje, tako da počenjajo, kar se ne spodobi. Polni so vsakršne krivičnosti, zlobnosti, lakomnosti, hudobije. Zvrhani so nevoščljivosti, ubijanja, prepirljivosti, zvijačnosti, zlohotnosti.*" Vse to predstavlja temo.

Sveto pismo uči, da se moramo otresti vsega, kar pripada temi – ubijanja, kraje, prešuštva in vseh oblik zla.

Po eni strani nekateri trdijo, da so Božji otroci, četudi ne izpolnjujejo Božje volje oziroma počnejo stvari, ki jih Bog prepoveduje. Ta tema, kateri vlada hudič in satan, pripada temu našemu svetu, zato se ne more nikoli združiti z lučjo, in ravno zato ljudje, ki živijo v temi, sovražijo luč in se je izogibajo.

Po drugi strani pa se morate pravi otroci Boga, ki je Luč in v katerem ni teme, izogibati teme in živeti v luči. Samo tako boste lahko komunicirali z Bogom in živeli v blaginji.

Dokazi o občestvu z Bogom

Med starši in otroci se ponavadi razvije zelo tesna vez, ki temelji na ljubezni. Ravno tako pa je povsem naravno za vas, ki verujete v Jezusa Kristusa, da živite občestvo z Bogom, Očetom vašega duha (1 Janez 1:3).

Občestvo pomeni dobro poznavanje drug drugega. Za predsednika denimo ne morete trditi, da ste z njim v občestvu, četudi veliko veste o njem. In podobno velja za vaše občestvo z Bogom. Za resnično občestvo z Bogom morate vi poznati Njega, hkrati pa mora On poznati in prepoznati vas.

Prvo Janezovo pismo 1:6-7 pravi: *„Če rečemo, da smo v občestvu z Njim, pa kljub temu hodimo v temi, lažemo in ne ravnamo v skladu z resnico. Če pa hodimo v luči, kakor je v luči On Sam, smo med seboj v občestvu in kri Njegovega Sina Jezusa nas očiščuje vsakega greha.“*

To pomeni, da ste v občestvu z Bogom samo takrat, ko se očistite grehov in zaživite v luči. Kadar pa trdite, da ste v občestvu z Bogom, medtem pa živite in delujete v temu, takrat gre za laž.

Biti v občestvu z Bogom pomeni imeti duhovno in resnično občestvo, ne le neverno občestvo, pri katerem poznate Boga zgolj razumsko. Vi sami morate postati luč, če želite stopiti v občestvo z Bogom, kajti On je Luč sama. Sveti Duh vas zelo jasno uči o Božji volji, zato da bi ostali v resnici ter skozi branje Božje besede in molitev razvili globljo komunikacijo z Bogom.

Kadar hodite v temi

Kadar trdite, da ste v občestvu z Bogom, medtem pa hodite v temi in grešite, gre dejansko za laž. Takrat ne hodite v resnici in končali boste na poti pogube.

V prvem poglavju Prve Samuelove knjige sta Elijeva ničvredna sinova grešila in namesto da bi ju Eli kaznoval, ju je samo posvaril, rekoč: *„Zakaj počenjata take reči? Od vseh ljudi* *slišim o teh vajinih hudobijah?"* (23. odlomek)

Na koncu je Božja jeza padla nad Elijeva sinova in oba sta umrla v boju, Eli pa je padel vznak s stola ob vratih, si zlomil tilnik in prav tako umrl. Božja jeza je padla tudi nad njegove potomce (1 Samuel 2:27-36, 4:11-22).

Zato upoštevajte Pismo Efežanom 5:11-13, ki pravi: *„Ne sodelujte pri jalovih delih teme, marveč jih obsojajte. Kar namreč oni počenjajo na skrivaj, je že omenjati sramotno. Vse, kar je obsodbe vredno, se razodeva po luči."*

Če nekdo trdi, da je v občestvu z Bogom, vendar pa ne hodi v luči, mu ljubeznivo svetujte. In če še naprej ne pride k luči, ga oštejte ter na ta način popeljite k luči, zato da ne bo obsojen na pot pogube.

S hojo v luči do odpuščenja

Na tem svetu velja zakon in kadar ga nekdo prekrši, sledi kazen v skladu z resnostjo kaznivega dejanja. Ta oseba pa ima tudi po odsluženi kazni še naprej krivo vest, kajti škoda je bila že povzročena.

Na enak način pa tudi v vašem srcu še naprej biva grešna narava, četudi ste sprejeli Jezusa Kristusa, se očistili grehov in bili opravičeni pred Bogom. Zato vam Bog zapoveduje, da si obrežete svoje srce in tako ne boste imeli krive vesti.

Kot pravi Jeremija 4:4: *„Obrežite se za GOSPODA, odpravite sprednjo kožico svojih src, Judovci in jeruzalemski prebivalci. Sicer Moja jeza šine kakor ogenj in zagori, da je nihče ne pogasi – zaradi hudobije vaših dejanj,"* obrezovanje srca pomeni odstranitev sprednje kožice vašega srca.

Odstranitev kožice srca pomeni, da smo poslušni vsemu, kar Bog pravi v Svetem pismu, torej kadar pravi „delaj", „ne delaj", „izpolnjuj" in „odpravi." Povedano drugače, odstranitev kožice pomeni opustitev vsega, kar je v nasprotju z Božjo besedo – neresnice, hudobije, krivičnosti, nepostavnosti ipd.

Zato se morate marljivo hraniti z Božjo besedo, absorbirati hranila z ravnanjem po njej, ter izločiti odpadke, sestavljene iz hudobije in neresnice, ki sodita k temi. Ko boste obrezali svoje srce, boste dosegli duhovno rast.

Ko postanete človek duha in resnice, potem ko ste izločili greh in hudobijo, takrat boste v občestvu z Bogom. Takrat bo lahko kri Jezusa Kristusa očistila vaše grehe.

Zato ni dovolj, da samo sprejmete Jezusa Kristusa in ste opravičeni pred Bogom, pač pa morate postati pravični človek, kar pa dosežete z uživanjem mesa in krvi Sina človekovega ter z odstranitvijo kožice vašega srca.

Vera združena z deli je iskrena vera

Presenetljivo veliko ljudi ne razume pravega pomena vere. Nekateri pravijo: „Zakaj ne obiskuješ cerkve? Še vedno si lahko rešen."

Če poslušate in poznate Božjo besedo, a se po njej ne ravnate, potem nimate iskrene vere, temveč zgolj vero v obliki spoznanja v vaši glavi. Na ta način ne boste rešeni. Kakšno vero potem Bog priznava? Kako ste lahko rešeni z vero?

Za iskreno kesanje se je potrebno vzdržati pred grehi

Prvo Janezovo pismo 1:8-9 pravi: *"Če rečemo, da smo brez greha, sami sebe varamo in resnice ni v nas. Če pa svoje grehe priznavamo, nam jih Bo odpustil in nas očistil vse krivičnosti, saj Je zvest in pravičen."*

Kaj pomeni priznati svoje grehe?

Denimo, da vam Bog reče naslednje: „Hoja proti vzhodu je moja volja in vodi do večnega življenja, zato pojdi proti vzhodu." Pa vendar, če vseeno nadaljujete proti zahodu in odgovarjate: „Bog, moral bi iti proti vzhodu, vendar grem proti zahodu, zato mi prosim odpusti," potem to ne velja za priznavanje. To potem ni verovanje v Boga ali strah pred Njim, temveč zasmehovanje Boga. Iskreno kesanje pa ne zajema samo priznanje svojih grehov z ustnicami, ampak se je potrebno tudi vzdržati pred njimi v svojih dejanjih. Samo tako bo Bog sprejel vaše kesanje in vam podelil odpuščenje.

Za ohranitev življenja se je potrebno hraniti, sicer ne boste očiščeni s krvjo Gospoda in boste umrli, če boste zgolj priznavali svoje grehe z ustnicami, ne da bi se tudi v svojih dejanjih obrnili proč od njih.

Vera brez del je mrtva vera

Jakob 2:22 pravi: *"Vidiš, da je vera sodelovala z njegovimi deli in da je šele zaradi del postala popolna."* 26. odlomek pa dodaja: *"Kakor je namreč telo brez duha mrtvo, tako je mrtva vera brez del."*

Veliko ljudi obiskuje cerkev samo zato, ker so slišali za obstoj nebes in pekla. Ker pa v svojih srcih ne verjamejo v to dejstvo, njihove vere ne spremljajo dela.

Tako gre zgolj za vero v obliki zavedanja oziroma za mrtvo vero.

Poleg tega, kadar priznavate svojo vero z ustnicami, medtem pa živite v grehu, kako lahko potem trdite, da verujete? Sveto pismo nas uči, da je zavestno grešenje veliko hujše kot grešenje brez zavedanja.

Ko brez del priznavate, da verujete, ste morda prepričani v svojo vero, vendar pa Bog vaše vere ne priznava kot iskreno vero.

Izraelci, ki so izšli iz Egipta, so bili deležni številnih Božjih del. Bog je razdelil Rdeče morje, jim dal mano in prepelice ter jih obvaroval z oblačnim stebrom podnevi in z ognjenim stebrom ponoči.

Toda, ko jim je Bog zapovedal, naj vstopijo v kanaansko deželo, sta samo Jozue in Kaleb zaupala v Božjo besedo in moč. Posledično je vse tiste Izraelove sinove, ki zaradi pomanjkanja vere niso ubogali Boga, doletelo štirideset let preizkušenj sredi puščave, dokler niso tam tudi umrli.

Zavedati se morate, da je vse zaman, če ne verujete in se ne ravnate po Božji besedi, pa četudi ste deležni številnih Božjih del. Vera je izpopolnjena z deli.

Samo tisti, ki izpolnjujejo postavo, bodo razglašeni za pravične

V Pismu Rimljanom 2:13 nam Bog pravi: *„Pred Bogom*

namreč niso pravični tisti, ki postavo slišijo, ampak bodo opravičeni tisti, ki postavo izpolnjujejo."

Samo z obiskovanjem maše in poslušanjem pridige še ne boste razglašeni za pravične. To boste dosegli šele takrat, ko se bo skozi poslušnost Božji besedi vaše neresnično srce spremenilo v resnično.

Nekateri pravijo, da boste rešeni že, če boste Jezusa Kristusa klicali „Gospod" s svojimi ustnicami. Ti ljudje si napak razlagajo Pismo Rimljanom 10:13, ki pravi: *„Kdor koli bo klical Gospodovo ime, bo rešen."* To je popolnoma zgrešena interpretacija. Kot pravi Izaija 34:16: *„V GOSPODOVI knjigi poiščite in preberite: Nobena izmed njih ni odsotna, nobena ne pogreša svoje tovarišice, kajti poklicala so jih GOSPODOVA usta, Njegov duh jih je zbral."* Božja beseda ima tako imenovano svojo tovarišico in postane popolna šele takrat, ko jo interpretiramo skupaj s to tovarišico.

Pismo Rimljanom 10:9-10 pravi: *„Kajti če boš s svojimi usti priznal, da je Jezus Gospod, in boš v svojem srcu veroval, da ga je Bog obudil od mrtvih, boš rešen. S srcem namreč verujemo, in tako smo deležni pravičnosti, z usti pa izpovedujemo vero, in tako smo deležni odrešenja."*

Samo tisti, ki v srcu resnično verujejo, da je Jezus vstal od mrtvih, lahko po resnici priznajo z ustnicami, saj živijo v skladu z Božjo besedo. Ti ljudje bodo rešeni, ko bodo s to iskreno vero izrekli priznanje ter postali vse pravičnejši. Tiste, ki ne bodo priznali s to vero, pa bo doletela prav nasprotna usoda.

Zato Jezus pravi v Mateju 13:49-50: *„Tako bo ob koncu sveta: prišli bodo angeli in ločili hudobne od pravičnih.*

Pahnili jih bodo v ognjeno peč. Tam bo jok in škripanje z zobmi."

Beseda „pravičnih" se tukaj nanaša na vse tiste, ki priznavajo Boga in imajo iskreno vero. „Ločitev hudobnih od pravičnih" pomeni, da kdor ne sledi Božji besedi, ne bo rešen, četudi obiskuje cerkev in vodi krščansko življenje.

Bog si želi obreze srca

Bog si želi, da bi bili Njegovi otroci sveti in popolni, zato nam v Prvem Petrovem pismu 1:15 pravi: *„Marveč bodite v vsem ravnanju tudi sami sveti, kakor je svet tisti, ki vas je poklical,"* in v Mateju 5:48: *„Bodite torej popolni, kakor je popoln vaš nebeški Oče."*

V času Stare zaveze so bili ljudje rešeni po svojih delih, odkar pa je Jezus Kristus v času Nove zaveze izpolnil postavo, smo rešeni po naši veri.

„Biti rešen po delih postave" pomeni, da četudi sanjarite o umoru, sovraštvu, prešuštvu, laganju itd, se to ne smatra za greh, dokler teh misli ne prenesete v dejanja.

Bog ni obsodil ljudi, če ti niso zagrešili krivičnih dejanj, saj se v času Stare zaveze sami od sebe, brez pomoči Svetega Duha, niso znali vzdržati pred grehi. No, v času Nove zaveze pa ste rešeni šele takrat, ko vas obišče Sveti Duh in si ob Njegovi pomoči z vero obrežete svoje srce. Sveti Duh vam namreč pomaga razumeti razliko med grehom in pravičnostjo ter vam omogoča živeti v skladu z Božjo besedo. Tako se danes lahko obvarujete pred neresnicami in si ob pomoči Svetega Duha obrežete svoje srce.

Zavedati se morate, da Bog prav zares pričakuje, da si boste obrezali svoje srce, se očistili grehov, postali sveti ter boste sodelovali v Božanski naravi. Apostol Pavel se je zavedal te Božje volje in je učil obrezo srca, ne mesa (Rimljanom 2:28-29). Svetuje vam, da se do krvi uprete v boju proti grehu, z očmi uprtimi v Jezusa, začetnika in dopolnitelja vaše vere (Hebrejcem 12:1-4).

Osebno pa resnično upam, da boste pridobili iskreno vero, združeno z dejanji, potem ko boste dojeli, da v nebesa ne boste prišli zgolj s klicanjem „Gospod, Gospod", temveč s hojo v luči in obrezo svojega srca.

9. poglavje

ROJENI IZ VODE IN DUHA

- Nikodemov obisk Jezusa
- Jezus je prebudil Nikodema
  za duhovno razumevanje
- Rojstvo iz vode in Duha
- Tri priče: Duh, voda in kri

Sporočilo Križa

Med farizeji pa je bil človek, ki mu je bilo ime Nikodém; bil je prvak med Judi. Ponoči je prišel k Jezusu in Mu rekel: ,Rabi, vemo, da si prišel od Boga kot učitelj; kajti nihče ne more delati teh znamenj, ki jih Ti delaš, če ni Bog z njim.' Jezus je odgovoril in mu rekel: ,Resnično, resnično, povem ti: Če se kdo ne rodi od zgoraj, ne more videti Božjega kraljestva.' Nikodém Mu je dejal: ,Kako se more človek roditi, če je star? Mar more drugič v telo svoje matere in se roditi?' Jezus mu je odgovoril: ,Resnično, resnično, povem ti: Če se kdo ne rodi iz vode in Duha, ne more priti v Božje kraljestvo.'

Janez 3:1-5

Bog je poslal Jezusa Kristusa, Svojega edinega Sina, in nam odprl vrata odrešenja. Kdor Ga sprejme, ta ima pravico postati Božji otrok, ki bo užival blagoslovljeno in večno življenje zdaj in na veke vekomaj. Toda dandanes je veliko ljudi brez tega zagotovila za odrešenje, četudi so prejeli Jezusa Kristusa. Poleg tega nekateri trdijo, da so prejeli odrešenje, vendar nimajo dovolj vere za odrešenje, medtem pa drugi trdijo, da so prejeli Svetega Duha in odrešenje, a jim potem ni več mar za dejanja.

Kot nekakšen zaključek sporočila križa pa si zdaj skozi Nikodemovo zgodbo oglejmo, kako doseči popolno odrešenje od trenutka, ko prejmemo Jezusa Kristusa.

Nikodemov obisk Jezusa

V Jezusovem času so farizeji zelo spoštovali Mojzesovo postavo in se držali izročila starešin. Med izbranimi Izraelci so bili določeni verski voditelji, ki so verovali v Božjo suverenost, vstajenje, angele, končno sodbo ter prihod Mesije.

Toda Jezus jih je večkrat pograjal, rekoč: „Gorje vam, pismouki in farizeji." Bili so namreč hinavci, ki so se ljudem navzven kazali kot sveti, v notranjosti pa so bili polni pohlepa in nezmernosti kakor pobeljeni grobovi (Matej 23:25-36).

Nikodem je bil dobrega srca

Nikodem je bil farizej, član judovskega velikega zbora, ki pa za razliko od ostalih farizejev ni preganjal Jezusa, temveč je veroval — potem ko je bil priča Jezusovim znamenjem in čudežem — da je bil Jezus poslan od Boga. Zaradi svojega dobrega srca se je želel zbližati z Jezusom.

V Janezu 7:51 Nikodem zagovarja Jezusa pred farizeji, rekoč: „*Ali naša postava koga sodi, če ga prej ne zasliši in ne spozna, kaj dela?*"

Kot članu velikega zbora mu je bilo tisti čas zagotovo zelo težko tako postopati. Še danes se uradniki ne morejo postaviti v bran krščanstvu, kadar ga preganjajo oblasti. In podobno so tisti čas Izraelci smatrali vse religije, razen judovstva, za napačne. Nikodem se je zavedal, da mu grozi izobčenje, če se bo postavil na Jezusovo stran.

Pa vendar je Nikodem branil Jezusa in tako dokazal svojo dobrosrčnost in trdno vero Vanj.

Janez 19:39-40 opisuje prizor, ki se je odvil v trenutku Jezusove smrti na križu:

> *Prišel pa je tudi Nikodém, tisti, ki je najprej ponoči prišel k Jezusu, in prinesel okrog sto funtov zmesi mire in aloje. Vzela sta torej Jezusovo telo in ga z dišavami vred povila s povoji, kakor imajo Judje navado pokopavati.*

Nikodem je verjel, da Jezus prihaja od Boga, zato Mu je

neomajno služil tudi po Njegovem križanju in z vero v Njegovo vstajenje tudi dosegel odrešenje.

Nikodemov obisk Jezusa

Tretje poglavje Janezovega evangelija opisuje pogovor med Jezusom in Nikodemom.

Drugi odlomek pravi: *„Ponoči je prišel k Jezusu in Mu rekel: ,Rabi, vemo, da Si prišel od Boga kot učitelj; kajti nihče ne more delati teh znamenj, ki jih Ti delaš, če ni Bog z njim'"* (2. odlomek).

Nikodem sprva ni vedel, da je Jezus Mesija in Božji Sin, ko pa je videl Jezusove čudeže, je dojel in zaradi svoje dobre vesti priznal, da je Jezus Božji Sin. Dobra vest mu je narekovala, da lahko samo vsemogočni Bog oživlja mrtve ter zdravi slepe, hrome in gobave.

Toda zakaj je Nikodem obiskal Jezusa sredi noči? Bil je namreč tista vrsta ljudi, ki neradi javno obiskujejo cerkev, saj nimajo zaupanja v Boga Stvarnika.

Čeprav je Nikodem imel dobro srce, pa ni imel iskrene vere. Ni imel zaupanja v Jezusa kot Božjega Sina in Mesijo, zato Ga ni obiskal javno sredi dneva, ampak ponoči.

Jezus je prebudil Nikodema za duhovno razumevanje

Tretji odlomek pravi: *„Jezus je odgovoril in mu rekel: ,Resnično, resnično, povem ti: Če se kdo ne rodi od zgoraj, ne* *more videti Božjega kraljestva.'"*

Nikodem tega nikakor ni razumel, zato je vprašal: „Kako se more človek roditi, ko pa je star?" Ker ni imel duhovne vere, se je spraševal: „Star človek umre in se povrne v zemljo, toda kako se lahko potem ponovno rodi?"

Takrat mu je Jezus pojasnil glede rojstva iz vode in Duha: *„Resnično, resnično, povem ti: Če se kdo ne rodi iz vode in Duha, ne more priti v Božje kraljestvo. Kar je rojeno iz mesa, je meso, in kar je rojeno iz Duha, je duh"* (5-6. odlomek).

Nikodem je z zanimanjem radovedno poslušal in Jezus mu je pojasnil s pomočjo prilike: *„ Veter veje, koder hoče, njegov glas slišiš, pa ne veš, od kod prihaja in kam gre. Tako je z vsakim, ki je rojen iz Duha"* (8. odlomek).

Po Adamovi nepokorščini je umrl duh vsakega človeka in vsi potomci so bili obsojeni na smrt. A ko se človek rodi iz Svetega Duha, njegov duh ponovno oživi, in ko postane duhovna oseba, si povrne izgubljeno Božjo podobo in je rešen.

Nikodem pa ni razumel Jezusovih besed, zato se je spraševal, kako je to mogoče. In Jezus je odgovoril:

> *Če ne verjamete, kar sem vam govoril o zemeljskih stvareh, kako boste verjeli, če vam bom govoril o nebeških? Nihče ni šel v nebesa, razen Tistega, ki je prišel iz nebes, Sina človekovega. In kakor je Mojzes povzdignil kačo v puščavi, tako mora biti povzdignjen Sin človekov, da bi vsak, ki veruje, imel v Njem večno življenje* (12-15. odlomek).

V Numerih 21:4-9 so Izraelci, ki so bili izpeljani iz Egipta, govorili proti Mojzesu, ker je njihovo potovanje v kanaansko deželo postajalo čedalje bolj nevzdržno. Tedaj je Bog nadnje poslal strupene kače, ki so jih pikale.

Ko so klicali na pomoč, je Bog naročil Mojzesu, naj si naredi strupeno kačo in jo obesi na drog. Bog je rešil vsakogar, ki jo je pogledal, pri tem pa jih je veliko umrlo, saj se v svoji nejeveri niso niti zmenili za kačo.

Da bi razumeli duhovni pomen Božje besede

Zakaj je Bog ukazal Mojzesu narediti strupeno kačo in jo obesiti na drog? Iz Geneze 3:14 namreč vemo, da je bila kača prekleta. Medtem pa pismo Galačanom 3:13 pravi: *„Preklet je vsak, kdor visi na lesu."*

Strupena kača na drogu torej simbolizira, da bo Jezus kakor prekleta kača pribit na lesen križ in plačal ceno za vašo odkupitev. Poleg tega je preživel vsak, ki je pogledal strupeno kačo, tako kot je rešen vsak, ki veruje v Jezusa.

Nikodem ni razumel pomena Božje besede, saj tedaj še ni bil rojen iz vode in Duha, in njegove duhovne oči še niso bile odprte.

In še danes velja, da če niste rojeni iz vode in Duha in nimate odprtih duhovnih oči, ne boste razumeli pomena duhovnega sporočila, saj boste vse skupaj jemali preveč dobesedno.

Zato morate goreče moliti, da bi po navdihu Svetega Duha razumeli duhovni pomen Božje besede. Milostljiv Bog bo takrat odprl vaše srce in razumeli boste Božjo besedo ter našli iskreno vero.

Rojstvo iz vode in Duha

Ko je Nikodem v noči obiskal Jezusa, mu je Ta odgovoril: *"Resnično, resnično, povem ti: Če se kdo ne rodi iz vode in Duha, ne more priti v Božje kraljestvo. Kar je rojeno iz mesa, je meso, in kar je rojeno iz Duha, je duh"* (Janez 3:5-6).

V nadaljevanju si bomo razjasnili pomen rojstva iz vode in Duha. Kako se lahko človek ponovno rodi iz vode in Duha ter doseže odrešenje?

Voda simbolizira vodo večnega življenja

Voda gasi žejo, napaja notranje organe in očiščuje telo, tako od zunaj kot od znotraj.

Zato je Jezus primerjal vodo večnega življenja z navadno vodo ter pojasnil, da vas ta očiščuje in daje življenje.

V Janezu 4:14 Jezus pravi: *"Kdor pa bo pil od vode, ki mu jo bom jaz dal, ne bo nikoli žejen, ampak bo voda, katero mu bom dal, postala v njem izvir vode, ki teče v večno življenje."*

Ko popijete vodo, nekaj časa niste žejni, toda sčasoma se žeja ponovno pojavi. Voda v zgornjem odlomku predstavlja večno vodo. Kdor pije vodo, ki jo daje Jezus, ne bo nikoli več žejen. „Izvir vode, ki teče v večno življenje," namreč daje življenje.

Janez 6:54-55 pravi: *"Kdor jé Moje meso in pije Mojo kri, ima večno življenje in Jaz ga bom obudil poslednji dan. Kajti Moje meso je resnična jed in Moja kri resnična pijača."* Jezusovo meso in Jezusova kri potemtakem predstavljata večno vodo.

Poleg tega se Njegovo „meso" nanaša na svetopisemsko besedo, kajti Jezus je kot Beseda v mesu prišel na ta svet. Hranjenje z Njegovim mesom pomeni izpolnjevanje Njegove besede skozi branje Svetega pisma.

Jezusova kri je življenje, in življenje je resnica. Resnica je Kristus, in Kristus je Božja moč. Vse to je Jezusova kri. In ker Božja moč prihaja z vero, pitje Jezusove krvi pomeni poslušnost Njegovi besedi skozi vero.

Govorili smo o tem, da voda v duhovnem pogledu simbolizira Jezusovo meso – torej Božjo besedo in Jagnje Božje. In tako kot voda očiščuje vaše telo, tako Božja beseda očiščuje vaše srce.

Zato ste tudi krščeni z vodo, krst sam pa simbolizira, da ste Božji otrok in da so vam odpuščeni grehi. Povrh vsega pa morate meditirati ob Božji besedi in se z njo vsak dan očistiti.

Ponovno rojstvo iz vode

Kako si lahko očistite svoje srce z Božjo besedo, ki predstavlja večno vodo?

Bog nam daje štiri različne vrste zapovedi: „Delaj", „ne delaj", „izpolnjuj" in „odpravi." Tako vam na primer Bog zapoveduje, da ne zavidajte, ne sovražite, ne kradite, ne prešuštvujte in ne ubijajte.

Izogibati se morate prepovedanega početja in hkrati odpraviti vse oblike zla. Prav tako morate posvečevati Gospodov dan, evangelizirati, moliti in ljubiti drug drugega. Vaše srce se bo s pomočjo Svetega Duha postopoma napolnilo z resnico in Božja beseda bo očistila vašo krivičnost in vaše grehe. Na ta način, s tem ko se boste ravnali po Božji besedi, bo vaše srce obrezano in preoblikovano v resnico, in prav temu pravimo „rojstvo iz vode."

Da bi dosegli popolno odrešenje, morate potemtakem sprejeti Jezusa, hkrati pa si obrezati svoje srce, tako da ste vso življenje poslušni Božji besedi.

Ponovno rojstvo iz Duha

Da bi prejeli odrešenje, morate biti rojeni iz vode in tudi Duha. Toda kako smo lahko rojeni iz Duha? V Apostolskih delih 19:2 apostol Pavel vpraša učence: *„Ali ste prejeli Svetega Duha, ko ste postali verni?"* Kaj pomeni prejeti Svetega Duha?

Prvi človek Adam je bil sestavljen iz duha, duše in telesa (1 Tesaloničanom 5:23), toda zaradi neposlušnosti je njegov duh umrl. Postal je bitje, sestavljeno iz duše in telesa, ki ni nič boljše od živali (Pridigar 3:18).

Kadar priznate svoje grehe in se jih očistite, vas Bog nagradi s Svetim Duhom, kot simbol, da ste Njegov otrok (Apostolska dela 2:38).

Vsak Božji otrok, ki prejme Svetega Duha, je z Božjo besedo sposoben ločiti med dobrim in slabim, hkrati pa mu nenehna in goreča molitev daje moč iz nebes, ki mu pomaga živeti v skladu z Božjo besedo.

Na ta način se spremenite v resnico in pridobite duhovno vero do te mere, do katere ste rodili duha skozi Svetega Duha. Janez 3:6 pravi: *„Kar je rojeno iz mesa, je meso, in kar je rojeno iz Duha, je duh,"* Janez 6:63 pa dodaja: *„Duh je tisti, ki* oživlja, meso nič ne koristi. Besede, ki Sem vam jih govoril, so duh in življenje."

Sledite Svetemu Duhu in postanite duhovni človek

Pri rojstvu iz vode in Svetega Duha si pridobite državljanstvo v nebesih (Filipljanom 3:20). Kot Božji otrok se udeležujete bogoslužja, radostno slavite Boga ter si prizadevate živeti v luči.

Pred prejetjem Svetega Duha ste živeli v temi, saj niste poznali resnice. Toda po prejetju Svetega Duha si prizadevate živeti v luči.

Sčasoma tako spoznate, da čeprav je vaše srce polno radosti, pa v svoji notranjosti ves časa bijete hud boj. Postava Duha, ki streže poželenju Svetega Duha, se namreč bojuje s postavo grešne narave, ki je dolgo časa stregla poželenju mesa, poželenju oči in napuhu življenja (1 Janez 2:16).

Apostol Pavel je lepo opisal ta notranji boj: *„Kot notranji človek namreč z veseljem soglašam z Božjo postavo, v svojih udih pa vidim drugo postavo, ki se bojuje proti postavi mojega uma in me usužnjuje postavi greha, ki je v mojih udih. Jaz nesrečnež! Kdo me bo rešil telesa te smrti?"* (Rimljanom 7:22-24)

V trenutku, ko se rodite iz vode in Duha, postanete Božji otrok. Kar pa še ne pomeni, da ste popolna duhovna oseba.

Pismo Galačanom 5:16-17 pravi: *„Pravim torej: žívite v Duhu in nikakor ne boste stregli poželenju mesa. Kajti meso si želi, kar je zoper Duha, Duh pa, kar je zoper meso. Ta dva si namreč nasprotujeta, da ne bi delali tega, kar hočete."*

Da bi sledili Svetemu Duhu, morate živeti v skladu z Božjo besedo ter na sprejemljiv in zadovoljiv način izpolnjevati Njegovo voljo. Če torej strežete poželenju Svetega Duha, ne boste skušani in boste lahko premagali sovražnika hudiča in satana, ki vas vabi, da bi stregli poželenju vaše grešne narave. Tako lahko živite v resnici ter se popolnoma predate Božjemu kraljestvu in Njegovi pravičnosti.

Ko boste stregli poželenju Svetega Duha, takrat boste našli radost in mir. V kolikor pa boste stregli poželenju grešne narave, boste nesrečni in obremenjeni.

Ko bo vaša vera dozorela, se boste znali upreti grehom in neomajno boste stregli poželenju Svetega Duha. Poželenja znotraj vas, ki hrepenijo po grešni naravi, bodo tako izginila. Poleg tega se vam ne bo treba bojevati proti grehom in ne boste več nesrečni, temveč polni radosti, ne glede na okoliščine.

Bog je zadovoljen s tistimi, ki živijo v skladu s poželenji Duha. Sveti Duh jim daje poželenja v njihova srca, kakor je tudi obljubil v Psalmih 37:4: *„Razveseljuj se v GOSPODU, pa ti bo dal, kar želi tvoje srce."*

Kadar si napolnite svoje srce z resnico, bo Bog zadovoljen z vami in vam bo omogočil prav vse. Zato upam, da se boste rodili iz vode in Duha ter živeli v skladu s poželenji Duha.

Tri priče: Duh, voda in kri

Kot sem že pojasnil, morate biti rojeni iz vode in Duha, če želite biti rešeni. Toda za popolno odrešenje morate hoditi v luči in se z Jezusovo krvjo očistiti grehov.

Nečisto srce namreč pomeni, da še naprej živite v grehu, zato potrebujete kri Jezusa Kristusa, s katero se boste očistili preostalih grehov.

Prvo Janezovo pismo 5:5-8 nam sporoča naslednje:

> *Kdo premaga svet, če ne tisti, ki veruje, da je Jezus Božji Sin? Jezus Kristus je Tisti, ki je prišel z vodo in s krvjo, ne le z vodo, ampak z vodo in s krvjo. Duh to pričuje, kajti Duh je resnica. Trije namreč pričujejo: Duh in voda in kri. In to troje je zedinjeno.*

Jezus prihaja z vodo in s krvjo

Janez 1:1 pravi: „*Beseda je bila Bog,*" Janez 1:14 pa dodaj: „*In Beseda je postala meso in se naselila med nami. Videli smo Njeno veličastvo, veličastvo, ki ga ima od Očeta kot edinorojeni Sin, polna milosti in resnice.*" To pomeni, da je Jezus, edini Božji Sin in Božja beseda sama, v mesu prišel na ta svet, da bi odpustil naše grehe. In tako nas še danes očiščuje z Božjo besedo – s Svetim pismom.

Vendar brez pomoči Svetega Duha ni mogoče živeti v skladu z Božjo besedo. Zgolj z lastno voljo se ni mogoče vzdržati greha, zato morate goreče moliti in prositi za pomoč Svetega Duha, da bi premagali poželenje mesa, poželenje oči in napuh življenja. Šele tedaj boste lahko pregnali temo in neresnico v vašem srcu.

Poleg tega je za odpuščenje potrebno tudi prelivanje krvi. Pismo Hebrejcem 9:22 pravi: „*In po postavi se skoraj vse očiščuje s krvjo in brez krvi ni odpuščanja."* Potrebujete torej Jezusovo kri, saj samo Njegova brezmadežna kri zagotavlja odpuščenje.

Verovati morate v Jezusa, ki Je prišel po vodi in krvi, in od Boga morate prejeti Svetega Duha za vaše odrešenje, za kar pa potrebujete naslednje tri stvari: Duha, vodo in kri.

Brez prelivanja krvi ni odpuščenja in še naprej živite v grehu. Za očiščenje grehov pa ne potrebujete samo vode Božje besede, ampak tudi Svetega Duha, ki vam bo pomagal v celoti živeti po Božji besedi. To troje je torej zedinjeno.

Zato se moramo vsi, potem ko smo sprejeli Jezusa Kristusa in so nam bili odpuščeni grehi, še naprej obnavljati skozi vodo in Duha, da bi dosegli popolno odrešenje. Zavedati se moramo dejstva, da Duh, voda in kri skupaj odpirajo vrata odrešenja in nas vodijo v nebesa.

10. poglavje

Kaj je herezija?

- Svetopisemska definicija herezije
- Duh resnice in duh blodnje

Sporočilo Križa

„Med ljudstvom pa so nastopili tudi lažni preroki, kakor bodo tudi med vami lažni učitelji, ki bodo skrivaj uvajali pogubne ločine. Celo Gospodarja, ki jih je odkupil, bodo tajili. S tem si bodo tudi nakopavali naglo pogubo. In mnogi bodo sledili njihovim razuzdanostim in po njihovi krivdi se bo preklinjala pot resnice. Zaradi svoje lakomnosti vas bodo izkoriščali z izmišljenimi besedami. Toda obsodba nad njimi že davno ne počiva in njihova poguba ne dremlje."

2 Peter 2:1-3

Z rojstvom materialistične civilizacije ljudje čedalje bolj zavračajo Boga, saj se zanašajo na svoje znanje in modrost. Širjenje greha pomeni, da so človeški duhovi potemneli in ljudje postali pokvarjeni. Številni ljudje so tako danes preslepljeni z lažmi, saj ne znajo ločiti med resnico in lažjo. Prav tako napačno presojajo druge ljudi na osnovi svojega lastnega pravičništva in teorij.

V Mateju 12:22-32 je Jezus ozdravil z demonom obsedenega nemega in slepega moškega, vendar ko za to slišali farizeji, so dejali: *„Ta izganja demone zgolj z Bélcebubom, poglavarjem demonov"* (24. odlomek). Božje delo so označili za delo demona.

V Mateju 12:31-32 jim Jezus odgovori: *„Zato vam pravim: Vsak greh in vsaka kletev bosta ljudem odpuščena, kletev zoper Duha pa ne bo odpuščena. Tudi če kdo reče besedo zoper Sina človekovega, mu bo odpuščeno, če pa kdo reče kaj zoper Svetega Duha, mu ne bo odpuščeno ne v tem veku ne v prihodnjem."*

Farizeji so sklenili, da je za Jezusovim dejanjem stal demon in ne Božja moč, kar je kletev zoper Svetega Duha, zato tem farizejem nikakor ni bilo moč odpustiti.

Če znate jasno ločiti med resnico in neresnico po Svetem pismu, ne boste obsojali drugih ljudi, niti ne boste preslepljeni z neresnico.

V nadaljevanju si bomo ogledali „herezijo" z Božje perspektive, kako ločiti med Božjim Duhom in zli duhovi, ter nekatere heretične sekte, ob katerih morate biti zelo previdni.

Svetopisemska definicija herezije

Oxfordski slovar opisuje besedo ‚herezija' kot ‚vero ali mnenje, ki nasprotuje načelom določene religije.'

Pavel, obtožen kot kolovodja heretične sekte

Apostolska dela 24:5 pravijo: „*Odkrili smo, da je ta človek kuga, da neti nemire med vsemi Judi po svetu in da je kolovodja ločine Nazarečanov.*" „Ločina Nazarečanov" se nanaša na „heretično sekto", beseda „heretik" pa se tukaj prvič pojavi v Svetem pismu.

Judje so obtožili Pavla pred guvernerjem, ker so mislili, da je Pavel pridigal heretični evangelij. Pavel je te obtožbe zanikal in pogumno izpovedal svojo vero, kot nam to opisujejo Apostolska dela 24:13-16.

Svojih sedanjih obtožb zoper mene ne morejo podpreti z nobenim dokazom. Priznam pa ti tudi to, da po Poti, ki jo označujejo kot ločino, služim Bogu naših očetov. Verujem v vse, kar je zapisano v postavi in prerokih, in zaupam v Boga, da bodo vstali pravični in krivični, kakor pričakujejo tudi ti tukaj. Zato si tudi sam prizadevam, da bi imel vedno čisto vest pred Bogom in pred ljudmi.

Ali je bil apostol Pavel resnično heretik?

Za definicijo herezije se je potrebno ozreti po Svetem pismu, kajti Sveto pismo je beseda Boga, edinega resničnega Bitja, ki zna ločiti med resnico in neresnico. Drugo Petrovo pismo 2:1 opisuje definicijo herezije:

> *Med ljudstvom pa so nastopili tudi lažni preroki, kakor bodo tudi med vami lažni učitelji, ki bodo skrivaj uvajali pogubne ločíne. Celo Gospodarja, ki jih je odkupil, bodo tajili. S tem si bodo tudi nakopavali naglo pogubo.*

„Gospodar, ki jih je odkupil" se nanaša na Jezusa Kristusa. Prvotno je človek pripadal Bogu in živel po Njegovi volji. Toda po nepokorščini je Adam postal grešnik in se predal hudiču. Vendar Bog se je usmilil ljudi, ki so bili na poti v pogubo, zato Je poslal Jezusa, Svojega edinega Sina, kot spravno daritev in dopustil Njegovo križanje, da bi nam skozi Njegovo kri odprl pot odrešenja.

Bog je delal za nas, ki smo nekoč pripadali hudiču, da bi nam bili odpuščeni grehi, če le verujemo v Jezusa Kristusa. Prav tako bomo prejeli življenje in ponovno bomo pripadali Bogu. Zato lahko rečemo, da nas je Jezus odkupil na križu, in zato tudi Sveto pismo pravi, da je Jezus „Gospodar, ki jih je odkupil."

Heretiki zanikajo Jezusa Kristusa

Zdaj veste, da je heretik tisti, ki zanika Gospodarja, ki ga je odkupil, s čimer si bo nakopal naglo pogubo (2 Peter 2:1). Ta izraz ni bil nikoli uporabljen, dokler Jezus ni izpolnil svojega poslanstva kot Rešitelj. Ime Jezus pomeni „[tisti, ki] bo rešil Svoje ljudstvo njegovih grehov." „Kristus" je „Maziljenec." Jezus je postal Rešitelj šele potem, ko je opravil Svoje delo – bil križan in vstal od mrtvih.

Ravno zato tega izraza ne najdemo v Stari zavezi in niti v Matejevem, Markovem, Lukovem in Janezovem evangeliju, ki opisujejo Jezusovo življenje. Celo farizeji, pismouki in duhovniki, ki so preganjali Jezusa, niso uporabili tega izraza, kot tudi ne veliki duhovniki.

Šele ko je Jezus vstal od mrtvih, da bi kot Kristus izpolnil Svoje poslanstvo, so se pojavili „ljudje, ki so zanikali Gospodarja, ki jih je odkupil." In šele od tega trenutka nas Sveto pismo opozarja na te heretike.

Ljudje torej niso heretiki, če verujejo v Jezusa Kristusa kot „Gospodarja, ki jih je odkupil." Ko pa to zanikajo, takrat so heretiki.

Apostol Pavel ni zanikal Jezusa Kristusa, ki ga je odkupil s Svojo dragoceno krvjo, temveč se je Jezusu zahvaljeval in Ga slavil, za kar je bil preganjan in je moral plačati visoko ceno. Petkrat je bil bičan od Judov in vsakokrat je dobil po enega manj kot 40 udarcev. Enkrat so ga kamnali. Bil je vržen v ječo, preganjan s strani poganov in svojih rojakov, ter izdan od tistih, katerim je zaupal. Kljub vsemu pa je Pavel postal velik človek, potem ko je z radostjo in hvaležnostjo premagal vso to trpljenje. V imenu Jezusa Kristusa je zdravil številne ljudi in tako poveličeval Boga, vse do trenutka njegove mučeniške smrti.

Pavel je oznanjal evangelij in izžareval Božjo moč

Vedite, da kdor zanika Boga Stvarnika in Jezusa Kristusa, ne more razglašati Božje moči, kajti Sveto pismo izrecno poudarja: *„Eno je Bog govoril, to dvoje sem slišal: da je moč pri Bogu"* (Psalmi 62:12).

Nikoli ne obsojajte človeka, ki ga spremlja Božja moč, kajti ta moč dokazuje, da ta človek močno ljubi Boga in da je Bog z njim. V pismu Galačanom 1:6-8 Pavel, ki je bil označen za kolovodjo ločine Nazarečanov, strogo opozarja, naj ne sledimo ali oznanjamo noben drug evangelij, razen sporočila križa:

> *Čudim se, da se od Tistega, ki vas je poklical po Kristusovi milosti, tako hitro obračate k nekemu drugemu evangeliju, ki pa ni drug evangelij, pač pa so nekateri, ki vas begajo in hočejo Kristusov evangelij postaviti na glavo. Toda tudi če bi vam mi sami ali pa angel iz nebes oznanjal drugačen evangelij, kakor smo vam ga mi oznanili, naj bo preklet!*

Še danes nekateri ljudje veljajo za heretike, četudi niso nikoli zanikali Jezusa Kristusa, pač pa samo oznanjajo Kristusov evangelij ter razglašajo živega Boga, tako da dokazujejo in delujejo z Božjo močjo.

Ne obsojajte ljudi za heretike

Tudi sam sem bil obtožen herezije in podvržen številnim težkim preizkušnjam, ko sem izžareval Božjo moč in je moja cerkev doživljala hitro rast. Pravzaprav je v treh desetletjih od ustanovitve cerkve leta 1982 skupnost pridobila več kot 120.000 članov.

Sedem let sem trpel številne bolezni in bil naposled v celoti ozdravljen z Božjo močjo. Nato sem se trudil živeti za Božjo slavo, pa naj sem jedel ali pil, tako kot je to počel apostol Pavel. Svoje življenje sem predal v Božje roke in se osredotočil na Jezusa, vedno samo na Jezusa.

Od samega začetka sem se trudil oznanjati evangelij in pričevati, da me je Bog ozdravil. Bil sem poklican za Božjega služabnika in od takrat sem oznanjal sporočilo križa ter razglašal živega Boga in Jezusa Odrešenika. Celo pri poročnih obredih sem pričeval o Bogu, saj sem si vneto želel popeljati čim več ljudi na pot odrešenja.

Spoznal sem, da je potrebna mogočna Božja beseda in dokaz o obstoju živega Boga, če želimo biti Gospodova priča do skrajnih mej sveta. Zato sem ognjevito molil, kakor so molili očetje vere, da bi prejel Božjo moč ter z radostjo in hvaležnostjo premagal vse preizkušnje, ki so mi bile naložene.

Znašel sem se tudi pred smrtnimi preizkušnjami. Vendar tako kot je Jezus prejel slavno vstajenje po Njegovi krivični smrti, tako je Bog po Svoji volji povečal mojo moč po vsaki premagani preizkušnji.

Od leta 2000 sem pričeval po vsem svetu — Keniji, Ugandi, Hondurasu, na Japonskem ter celo v pretežno muslimanskem Pakistanu in hinduistični Indiji — da je Bog edini resnični Bog in da vera v Jezusa Kristusa prinaša odrešenje, in vsakič se je pokesalo več deset tisoč ljudi, slepi so spregledali, hromi shodili, gluhi slišali, nemi spregovorili, in veliko ljudi je ozdravelo za neozdravljivimi boleznimi kot sta rak in AIDS. Ti čudeži so močno poveličevali Boga.

Zato tisti, ki docela razume pomen herezije, ne bo zlahka obsojal druge kot heretike. V Apostolskih delih 5:33-42 beremo o Gamálielu, učitelju postave, ki je med ljudmi užival velik ugled. Kako je ravnal on?

Tisti čas so farizeji, člani judovskega velikega zbora, Petru, Janezu in drugim apostolom prepovedali oznanjati Jezusa Kristusa. Toda apostoli so bili polni Svetega Duha, zato tega niso upoštevali. Člani zbora so nato zahtevali njihovo smrt, takrat pa je vstal farizej z imenom Gamáliel in velel, naj apostole za nekaj časa pošljejo ven. Nato je spregovoril:

> *Možje Izraelci, dobro preudarite, kaj nameravate narediti s temi ljudmi! Pred časom se je dvignil Tevdá, ki se je izdajal za nekaj posebnega in je imel kakih štiristo privržencev; ubili so ga in vsi, ki so mu zaupali, so se razkropili in izginili. Za njim se je v času ljudskega štetja dvignil Juda iz Galileje in potegnil ljudstvo za sabo; tudi tega so ubili in tisti, ki*

so mu zaupali, so bili razkropljeni. In zdaj vam pravim: roke proč od teh ljudi in izpustite jih! Zakaj če sta njihov načrt in njihovo početje od ljudi, bosta propadla; če pa izhajata od Boga, jih ne boste mogli uničiti, temveč se boste znašli v boju proti Bogu (Apostolska dela 5:35-39).

Iz teh odlomkov lahko ugotovimo, da če čudeži ne bi prihajali od Boga, bi naposled propadli, četudi jih nihče ne bi preprečil. Tako pa tudi kadar ljudje nasprotujejo ali motijo Božja dela, jih ne bodo uspeli nikoli preprečiti. Njihov trud ni nič drugačen od bojevanja zoper Boga in zato bodo prepuščeni Božji sodbi in kazni.

Včasih ljudje obsojajo druge za heretike zaradi razlik v interpretaciji Svetega pisma, videnj od Svetega Duha in celo zaradi različnih jezikov, pa čeprav vsi priznavajo Sveto Trojico in da je Jezus Kristus prišel v mesu.

Nekateri celo trdijo, da ne potrebujejo daru jezikov niti videnj, ter obsojajo dela Svetega Duha, češ da ni nikjer zapisano, da naj bi Jezus govoril v jezikih ali imel videnja. Vendar Sveto pismo pravi ravno nasprotno:

Vsakomur se daje razkritje Duha v korist vseh. Enemu je po Duhu dana beseda modrosti, drugemu v skladu z istim Duhom beseda spoznanja. Drugemu vera po istem Duhu, drugemu po istem Duhu milostni darovi ozdravljanja, drugemu delovanje čudežnih moči, drugemu prerokovanje, drugemu razločevanja duhov, drugemu raznovrstni jeziki, drugemu razlaganje jezikov. Vse to pa uresničuje en in isti Duh, ki deli vsakemu posebej, kakor hoče (1 Korinčanom 12:7-11).

Zato ne obrekujte in ne obsojajte tistih z drugačnimi darovi Duha za heretike samo zato, ker sami nimate vseh teh darov.

Duh resnice in duh blodnje

Tudi Drug Petrovo pismo 2:1-3 govori o hereziji. Sveto pismo nas opozarja na lažne preroke in učitelje, ki skrivaje uvajajo uničujoče herezije. *„In mnogi bodo sledili njihovim razuzdanostim in po njihovi krivdi se bo preklinjala pot resnice. Zaradi svoje lakomnosti vas bodo izkoriščali z izmišljenimi besedami. Toda obsodba nad njimi že davno ne počiva in njihova poguba ne dremlje"* (2 Peter 2:2-3).

Prvo Janezovo pismo 4:1-3 pa pravi: *„Ljubi, ne zaupajte vsakemu duhu, ampak duhove preizkušajte, ali so od Boga, kajti veliko lažnih prerokov je prišlo v svet. Božjega duha spoznavate po tem: vsak duh, ki prizna, da je Jezus Kristus prišel v mesu, je od Boga; noben duh, ki Jezusa ne priznava, pa ni od Boga. To je duh antikrista, o katerem ste slišali, da pride, zdaj pa že je v svetu."*

Preizkušajte vsakega duha, ali je od Boga ali ne!

Obstajajo dobri duhovi, ki pripadajo Bogu in vas vodijo do

odrešenja, potem pa obstajajo tudi zli duhovi, ki vas zapeljujejo v pogubo.

Na eni strani nekdo, ki ima Božjega duha, priznava, da je Jezus Kristus prišel v mesu in veruje v Sveto Trojico – Boga, Jezusa Kristusa in Duha, zato ima pečat Božjega otroka. Ta oseba pozna resnico in ob pomoči Duha tudi živi po njej.

Na drugi strani pa nekdo, ki ima duha antikrista, z Božjo besedo nasprotuje Jezusu Kristusu in zanika Njegovo odrešenje. Zato morate biti previdni in znati prepoznati antikrista, ki se pogosto skriva med verniki in zlorablja Božjo besedo.

Vsekakor pa zanikanje Jezusa Kristusa ni nič druga kot boj zoper Boga, ki je poslal Jezusa na ta svet.

Drugo Janezovo pismo 1:7-8 opozarja na antikrista z naslednjimi besedami:

> *V svet je namreč odšlo veliko zapeljevalcev. Ti ne priznavajo, da je Jezus Kristus prišel v mesu. Tak je zapeljevalec in antikrist. Glejte nase, da ne uničite, kar smo naredili, ampak dobite polno plačilo.*

Prvo Janezovo pismo 2:19 pa dodaja:

> *Odšli so od nas, a niso bili od nas. Ko bi namreč bili od nas, bi ostali z nami, a niso, da bi se razkrilo, da niso vsi od nas.*

Obstajata dve vrsti antikrista: človek, ki je obseden z duhom antikrista, in človek, ki je zapeljan s strani duha antikrista. Oba pa si prizadevata zapeljati ljudi, kjerkoli prebiva Sveti Duh. Oba zapeljujeta ljudi skozi njihove misli in jih spodbujata, naj nasprotujejo Božji besedi. Ljudje, katerih misli so pod popolnim nadzorom duha antikrista, veljajo za „obsedene z demonom."

Kadar duhovnik prejme duha antikrista, začnejo cerkveni člani korakati proti pogubi, kamor jih vabi duh antikrista.

Zato morate jasno poznati razliko med Duhom resnice in duhom blodnje, da ne boste zapeljani od duha antikrista, temveč boste živeli v skladu z resnico in lučjo.

Kako ločiti med duhovi

Prvo Janezovo pismo 4:5-6 pravi: *„Oni so od sveta. Zato govorijo iz sveta in svet jih posluša. Mi pa smo od Boga in vsak, kdor pozna Boga, nas posluša. Kdor pa ni od Boga, nas ne posluša. Po tem spoznavamo Duha resnice in duha blodnje."*

Izraz „blodnja" se nanaša na „lažno oz. neresnično izjavo." Duh blodnje je posvetni duh, ki vas zapeljuje, da neresnico sprejemate kot resnico, ter vas priganja, da prestopite meje vere. Kdor je od Boga bo namreč poslušal Besedo resnice, kdor pa je od sveta, pa bo poslušal posvetne reči, ne resnice. Tako je zelo enostavno prepoznati ljudi, saj kadar poznate resnico, vam hitro postane jasno, ali gre za luč ali temo. Takrat lahko rečete: „Ta oseba je v resnici, tista druga oseba pa v temi."

Na primer, kadar nekdo v nedeljo izjavi: „To popoldne pojdimo na piknik. Udeležimo se samo jutranje maše. Mar to ni dovolj?" Ali kadar si nekdo prizadeva uničiti Božje kraljestvo z zlobnimi zvijačami, hkrati pa prisega svojo vero v Boga. To so primeri delovanja duha blodnje.

Če boste od Boga prejeli Duha resnice, boste razumeli veliko reči, ki jih milostno daje Bog (1 Korinčanom 2:12). Zato Sveti Duh biva v vas – dragocenem Božjem otroku. On je Duh resnice, ki vas bo uvedel v vso resnico. On ne govori Sam od Sebe, temveč govori, kar sliši, in oznanjal vam bo prihodnje reči.

Zato v Janezu 14:17 Jezus pravi: „*Duha resnice, ki ga svet ne more prejeti, ker ga ne vidi in ne pozna. Vi ga poznate, ker ostaja pri vas in bo v vas.*" Tudi Janez 15:26 nas opozarja na Svetega Duha: „*Ko pa pride Tolažnik, ki vam ga bom poslal od Očeta, Duh resnice, ki izhaja od Očeta, bo On pričeval o Meni*"

Prvo pismo Korinčanom 2:10 pa dodaja: „*To nam je Bog razodel po Duhu. Duh namreč preiskuje vse, celo Božje globine.*" Kot je zapisano, samo Sveti Duh v celoti pozna in dojema Boga.

To pomeni, da kdor je prejel Duha resnice, ta posluša Besedo resnice in se ji pokorava. Bolj ko raste Božje kraljestvo in Njegova pravičnost, bolj se ti ljudje veselijo, pri tem pa so polni življenja in hrepenijo po nebeškem kraljestvu.

Še vedno pa nekateri le stežka hodijo v cerkev, saj nimajo od Boga dane vere. Ti ljudje še naprej pripadajo svetu in prisegajo na posvetne reči, kot sta denar in zabava. Posledično ne morejo živeti v resnici, hrepeneti po nebeškem kraljestvu in ne ljubiti Boga z vsem srcem.

Ti ljudje naposled pridobijo duha blodnje in zapustijo Boga, saj pripadajo k svetu in nimajo Duha resnice. Prav tako, kdor obrekuje svoje brate in sestre v veri, ali zavida drugim njihovo zvestobo Božjemu kraljestvu in Njegovi pravičnosti, ta ne prihaja od Duha resnice.

Nikomur se ne pustite zapeljati

Prvo Janezovo pismo 3:7 nas roti z naslednjimi besedami: *"Otroci, nihče naj vas ne zapelje. Le kdor ravna pravično, je pravičen, kakor je pravičen On."* Ne hodite proč od Božje besede, sicer boste zapeljani z neresnicami. Resnična modrost je namreč samo v Božji besedi. Samo tako boste prejeli popolno odrešenje, bili uspešni na tem svetu ter uživali večno življenje v nebeškem kraljestvu.

Hudič si vsestransko prizadeva, da bi Božjim otrokom preprečil živeti po Božji besedi, zato vas spodbuja k poželjivostim tega sveta, da bi se obrnili proč od Boga, dvomili Vanj ter Mu nasprotovali. Prvo Petrovo pismo 5:8 pravi: „Trezni bodite in budni! Vaš nasprotnik hudič hodi okrog kakor rjoveč lev in išče, koga bi požrl."

Kako potem sovražnik hudič in satan zapeljuje Božje otroke? Predstavljajte si žensko, ki se znajde v skušnjavi zaradi nekega moškega. Če se ženska ponaša z dostojanstvom in se spodobno vede, jo moški ne bodo premamili. V nasprotnem primeru jo moški zlahka premamijo. Ravno tako pa tudi sovražnik hudič in satan pristopi k tistim, ki premalo odločno verujejo v resnico in dvomijo v Boga. Te ljudi hudič premami, da se obrnejo proč od Boga ter Mu nasprotujejo, in tako jih naposled spelje na pot pogube. Eva je bila tako zapeljana od hudiča, ko je ta zvito obrnil

Božje besede.

Seveda pa vas lahko doletijo preizkušnje tudi kadar ste brez krivde. To pa zato, ker vas Bog želi blagosloviti, tako kot lahko vidite pri Danielovi preizkušnji, ko so ga vrgli v levnjak, ali Abrahamovi preizkušnji, ko je moral žrtvovati svojega sina kot žgalno daritev.

Če se zaradi pomanjkanja vere znajdete pred preizkušnjami, se nemudoma pokesajte svojih grehov, z Božjo besedo premagajte vse skušnjave in se po svojih najboljših močeh oprite na kamen resnice.

Verujte v resnico; Ne pustite se zapeljati

Prvo pismo Timoteju 4:1-2 pravi: *„Duh izrecno pravi, da bodo v poznejših časih nekateri odpadli od vere in se vdajali zavajajočim duhovom in naukom demonov, s hinavščino lažnivcev, ki imajo v svojo vest vžgano znamenje."*

To se nanaša na prihodnost, ko bodo nekateri ljudje, ki priznavajo svojo vero, zablodili proč od vere in se začeli vdajati zavajajočim duhovom in naukom demonov.

Zapeljani ljudje so hinavci, tudi kadar se njihova dejanja zdijo pravična. Molijo vpričo drugih in so verni samo zaradi denarja, ne iz hvaležnosti za prejeto Božjo milost. Toda nazadnje opustijo svojo vero in skrenejo na pot pogube, saj imajo v svojo vest vžgano znamenje, potem ko so lagali, živeli brez resnice ter se predajali posvetnim užitkom.

V Svetem pismu Bog strogo opozarja, naj se ne pustimo zapeljati. V Mateju 7:15-16 nas Jezus svari: *„Varujte se lažnih* *prerokov, ki prihajajo k vam v ovčjih oblačilih, znotraj pa so grabežljivi volkovi. Po njihovih sadovih jih boste spoznali. Se mar grozdje obira s trnja ali smokve z osata?"*

Človekove besede in dejanja so odraz njegovih misli in volje. Kar pomeni, da lahko ljudi prepoznamo po njihovih sadovih. Kadar oseba kaže sadove zla, kot so sovraštvo, zavist in ljubosumje, namesto sadov resnice, dobrote in pravičnosti, takrat je ta oseba lažni prerok.

Svet je danes poln lažnih prerokov z antikristovim duhom, zato morajo Božji otroci dobro razumeti herezijo ter znati ločiti med Duhom resnice in duhom blodnje.

Sovražnik hudič in satan nikoli ne izpusti priložnosti, da bi zapeljal Božje otroke v greh, kadar ti dvomijo v resnici. Ko pa trdno verujete v resnico in ji sledite, ne boste zapeljani od duha blodnje, temveč ga boste zlahka premagali, če vam pristopi.

Nikoli ne smete priznati ali upoštevati nobenih drugih naukov, ali biti zapeljani od naukov, ki nasprotujejo resnici. Ubogati morate Božjo besedo in streči poželenju Svetega Duha, zato da boste pogumni in brez madeža ob drugem prihodu našega Gospoda Jezusa Kristusa.

Jezus nam pravi: *„Dober človek prinaša iz dobrega zaklada dobro, hudoben človek pa iz hudobnega zaklada húdo. Povem pa vam: Za vsako prazno besedo, ki jo ljudje izgovorijo, bodo dajali odgovor na sodni dan. Po svojih besedah boš namreč opravičen in po svojih besedah boš obsojen"* (Matej 12:35-37).

Dober človek ima dobro srce in ne bo delal hudega ali škodoval drugim ljudem, ne glede na to, ali ima sam od tega korist ali ne.

Po drugi strani pa se hudoben človek ne zna veseliti resnice, zato se v svoji zavisti in nevoščljivosti poslužuje vseh hudobij, da bi bil v spotiko drugim. Četudi se njegove besede zdijo dobre in pravične, ga ne morete označiti za dobrega človeka, kadar govori čez druge ljudi ali si prizadeva odtujiti eno osebo od druge.

Zato morate ves čas moliti in biti pozorni, da ne bi bili zapeljani. Znati morate prepoznati, ali so duhovi resnični ali ne, in nikoli ne smete obsojati drugih. Poleg tega morate trdno verovati v Sveto Trojico – Očeta, Sina in Svetega Duha, ter v vse besede Svetega pisma in se po njih ravnati.

„Pridi, Gospod Jezus!"

Avtor:
Dr. Jaerock Lee

Dr. Jaerock Lee se je rodil leta 1943 v Muanu, provinci Jeonnam, v Republiki Koreji. V svojih dvajsetih letih je polnih sedem let trpel za celo vrsto neozdravljivih bolezni in samo še čakal na smrt, brez slehernega upanja po okrevanju. Nato pa je nekega dne, spomladi leta 1974, na sestrino prošnjo obiskal cerkev in ko je pokleknil, da bi molil, ga je živi Bog v trenutku ozdravil vseh bolezni.

Vse odkar je dr. Lee skozi to čudovito izkušnjo srečal živega Boga, Ga je ljubil z vsem svojim srcem in iskrenostjo, zato je bil leta 1978 tudi poklican za Njegovega služabnika. Goreče je molil in opravil neštero molitvenih postov, da bi razumel in v celoti izpolnjeval Božjo voljo ter sledil Božji besedi. Leta 1982 je v Seulu ustanovil centralno cerkev Manmin, v kateri se je do danes odvilo neštero Božjih del, vključno s čudežnimi ozdravljenji, znamenji in drugimi čudeži.

Leta 1986 je bil dr. Lee posvečen za pastorja in štiri leta kasneje, leta 1990, so začeli na radiu v živo prenašati njegove pridige, in sicer v Avstraliji, Rusiji, na Filipinih in kmalu zatem tudi drugod po svetu.

Tri leta kasneje, leta 1993, je revija *Christian World* centralno cerkev Manmin označila za eno od petdesetih najvplivnejših cerkva na svetu, dr. Lee pa je od krščanske univerze na Floridi (ZDA) prejel častni doktorat božanskosti, leta 1996 pa nato še doktorat na teološkem semenišču v Iowi (ZDA).

Od leta 1993 je dr. Lee na čelu gibanja za svetovno evangelizacijo in je uspešno izpeljal številne kampanje v Tanzaniji, Argentini, Los Angelesu, Baltimoru, na Havajih, New Yorku, Ugandi, na Japonskem, Pakistanu, Keniji, na Filipinih, Hondurasu, Indiji, Rusiji, Nemčiji, Peruju, Demokratični republiki Kongo, Izraelu in Estoniji.

Zavoljo njegovega vplivnega delovanja po vsem svetu ga je leta 2002 eden največjih korejskih časopisov opisal kot „svetovno znanega revivalista." Še posebej zavoljo njegovega newyorškega shoda iz leta 2006, ki je potekal v Madison Square Gardnu in ga je v živo prenašalo 220 držav; ter jeruzalemskega shoda iz leta 2009, kjer je Jezusa Kristusa drzno razglasil za Mesijo in Odrešenika.

Njegove pridige se danes preko satelitov prenaša v 176 državah in v letih 2009/10 sta ga tiskovna agencija Christian Telegraph in priljubljena ruska krščanska revija In Victory imenovali za enega od desetih najvplivnejših krščanskih voditeljev.

Januar 2016 je Centralna cerkev Manmin štela že več kot 120.000 članov in 10.000 podružničnih cerkva po vsem svetu, vključno s 57 domačimi podružničnimi cerkvami. Poleg tega je bilo poslanih že več kot 102 misijonarjev v 23 držav, vključno z Združenimi državami Amerike, Rusijo, Nemčijo, Kanado, Japonsko, Kitajsko, Francijo, Indijo, Kenijo in še mnogimi drugimi.

Do datuma izdaje te knjige je dr. Lee napisal že 100 knjig, med njimi tudi uspešnice Pokušanje večnega življenja pred smrtjo; *Moje Življenje-Moja Vera, 1. in 2. Knjiga; Sporočilo Križa; Količina Vere; Nebesa, 1. in 2. Knjiga; Pekel; Prebudi Se, Izrael;* ter *Božja Moč*. Njegova dela so prevedena v več kot 75 jezikov.

Njegove članke najdemo v časopisih *Hankook Ilbo, JoongAng, Chosun Ilbo, Dong-A Ilbo, Munhwa Ilbo, Seul Shinmun, Kyunghyang Shinmun, Koreja Herald, Sisa News* ter *Christian Press*.

Dr. Lee je danes na čelu številnih misijonarskih organizacij in zvez. Med drugim je predsednik Združene cerkve svetosti, predsednik Svetovnega poslanstva Manmin, stalni predsednik zveze Krščanskega sveta, ustanovitelj in predsednik odbora Globalne krščanske mreže, ustanovitelj in predsednik mreže Krščanskih zdravnikov, ter ustanovitelj in predsednik Mednarodnega semenišča Manmin.

Druge zanimive knjige istega avtorja

Nebesa I & II

Podroben oris čudovitega bivališča, v katerem uživajo nebeški prebivalci, ter prelep opis različnih nivojev nebeškega kraljestva.

Sedem Cerkva

Iskrena Gospodova sporočila za prebujenje vernikov in cerkva iz duhovnega spanja, ki so bila poslana sedmim cerkvam, kot je to zabeleženo v drugem in tretjem poglavju Razodetja.

Pekel

Iskreno sporočilo vsemu človeštvu od Boga, ki si želi, da ne bi niti ena sama duša padla v globine pekla. Odkrili boste doslej še nerazkrito pripoved o kruti realnosti spodnjih krajev zemlje in pekla.

Duh, Duša in Telo I & II

Vodnik, ki bralcu ponuja duhovno razumevanje duha, duše in telesa, ter mu pomaga poiskati njegov 'jaz', da bo lahko pridobil moč, s katero bo premagal temo in postal duhovna oseba.

Količina Vere

Kakšno bivanje, krona in zakladi nas čakajo v nebesih? Ta knjiga postreže z modrostjo in navodili za izračun količine vaše vere ter za negovanje najboljše in najbolj zrele vere.

Prebujeni Izrael

Zakaj Bog že vse od začetka sveta spremlja Izrael? Kakšne vrste Njegove previdnosti bo v poslednjih dneh deležen Izrael, kamor se bo vrnil Mesija?

Moje Življenje, Moja Vera I & II

Najbolj prijetna duhovna aroma, pridobljena iz življenja, ki je cvetelo z Božjo ljubeznijo brez primere, in to sredi temnih valov, hladnega jarma in globokega obupa.

Božja Moč

Obvezno branje, ki služi kot pomemben vodnik, kako priti do prave vere in izkusiti čudovito Božjo moč.

---

www.urimbooks.com

www.ingramcontent.com/pod-product-compliance
Lightning Source LLC
LaVergne TN
LVHW011948060526
838201LV00061B/4257